支店長が読む 融資を伸ばす マネジメント

マイナス金利下における融資増強のポイント

黒木 正人

【著】

近代セールス社

はじめに

　2016年2月16日、日本銀行によるマイナス金利政策がスタートしました。これまでも金融機関は、日本銀行の量的・質的緩和政策下において融資拡大戦略をとってきています。しかしこの政策により、金融機関は融資戦略をさらに大きく転換させる必要が生じました。

　筆者は、地方銀行である十六銀行（預金残高5兆4,098億円、融資残高3兆9,508億円、2016年9月30日現在）に30年間勤務し、その後、飛騨信用組合という飛騨高山にある信用組合（預金残高2,371億円、融資残高1,000億円、2016年9月30日現在）に移りました。十六銀行では融資審査、企業再生、不良債権回収業務を経験し、飛騨信用組合では融資マネジメントを経験し、直近の4年半で融資残高を約231億円伸ばしました。本書では、こうした筆者の経験をもとに、支店長が融資の現場でどのようにマネジメントをしたらよいか、融資の入り口から出口までの重要な論点についての考え方を伝えたいと思います。

　冒頭で述べたように、金融機関の融資に今一番影響を与えているのが、日本銀行によるマイナス金利政策です。そして、その前段階として2013年4月から量的・質的緩和政策がとられています。量的・質的緩和政策とは、日本銀行が金融機関から長期国債等を大量に購入（現在は年80兆円ベース）することで金融機関にお金が行き渡り、金融機関はそれを市中に融資という形で還流することで、経済状況を改善しようという政策です。しかし、年80兆円ベースという巨額の資金環流政策にもかかわらず、その効果は劇的なものではありませんでした。なぜなら、金融機関は資金をある程度融資には回したものの、そのほとんどを日本銀行の当座預金に預けてしまったからです。

　量的・質的緩和政策がとられた2013年4月1日時点の日本銀行当座預金残高は、57兆2,500億円でした。ところが、マイナス金利政策がスタートした2016年2月16日現在のそれは、258兆3,200億円と約200

兆円増えています。日本銀行は大量に金融機関から国債等を購入し、資金を金融機関に渡したにもかかわらず、ほとんどがブーメランのように、日本銀行の当座預金に戻ってきただけだったのです。すなわち、金融機関は積極的に融資しようとしましたが、取引先が借りてくれないので、余った資金を0.1％の金利がつく日本銀行の当座預金に預けるという行動をとったのです。量的・質的緩和政策は3年間続きましたが、当初見込んだインフレ期待は高まらず、日本経済は緩やかな成長にとどまっています。

こうした背景のもと、日本銀行はマイナス金利政策をとりました。日本銀行の当座預金をマイナス金利にすれば、金融機関は日銀にお金を預けずに融資に回すはずだという理屈ですが、本当にそうなるのでしょうか。確かに日本経済が成長過程の頃は、企業はとりあえずお金を借りて、成長のための設備投資を行い、手元の潤沢な運転資金を活用しどんどん儲けて成長しようとしました。成長経済下では、企業は利益の最大化を目指しているので、金融機関の融資競争で金利が下がれば必ず借りるはずだという考え方です。

しかし、長いデフレ経済下で企業の考え方に変化が生じています。現在、多くの企業はお金を借りたら金利をつけて返さなくてはならないうえに、新しい設備投資もないので、余計なお金を借りるのはやめようと思っています。デフレ経済下では、企業は債務の最小化を含む財務の健全性を目指しているので、いくら金利が下がっても借り手は出てこないのです。支店長は融資の現場でひしひしと感じていることでしょう。

それでも日本銀行は、マイナス金利政策をとらざるを得ませんでした。なぜなら、他にとるべき政策がないからです。抜本的に経済状況を変えるためには、構造改革（規制緩和）を進めつつ減税するということに行き着くことは誰もが考えることですが、巨大な官僚組織である現在の日本においてその実行は不可能です。したがって、各論としてマイナス金利政策をとらざるを得ないのです。

では、マイナス金利で金融機関の行動はどうなるのでしょうか。まず日本銀行に資金を預けると金利を取られるので、融資を頑張るということになります。融資残高を伸ばすには、他金融機関の肩代わりをするのが手っ取り早いということになります。この場合、他金融機関より低い融資レートを提示しますから、金利競争に陥り融資金利はどんどん下がっていきます。金融機関の利ザヤはますます縮小して儲からなくなるのです。
　一方で、金融庁は地方銀行に対し「一時的に赤字や債務超過に陥った経営難の中小企業（要注意先）にも成長融資を供給するように」と要請しました。要注意先への融資はリスクが大きく、将来は不良債権になるかもしれません。それでも地方銀行はある程度のリスクを取って、今まで棲み分けられていた信用金庫・信用組合の取引先を攻めることになります。そうすると、ますます融資競争が激化します。したがって、従前のビジネスモデルから脱皮できない金融機関の経営は悪化し、地域の金融再編が進むかもしれません。新しいビジネスモデルを再構築できない金融機関は、消滅の可能性すら出てくるのです。
　それでは、融資の現場（支店）ではどういうことが起こるのでしょうか。現在は声高に事業性評価融資の推進が求められていますが、支店で手っ取り早くできるのは不動産融資です。なぜなら、不動産融資は資金使途がはっきりしているうえに、比較的容易に担保が取れるからです。また融資金額も大きいことから、拡大は容易に想像できます。一方で、当局は過去のバブル経済の反省から融資行動を牽制するので、早いもの勝ちとなるのです。
　次に住宅ローンの肩代わり合戦が起きるでしょう。融資の現場では、家があるところに住宅ローンがあります。不動産登記簿を取れば融資金額や金利が推測できます。支店で融資残高をすぐに伸ばすには、住宅ローンの肩代わりが最適です。また若い渉外係には、肩代わり件数・金額など目に見える成果が上がってくるので、モチベーションの向上にもなり

ます。

　ここまでは容易に想像がつきますが、ここからさらに支店長が融資を伸ばすには、もうひと工夫必要です。また融資はやりっぱなしという訳にはいきませんから、期中管理、企業再生支援、債権回収までの知識とマネジメント能力が求められることになります。

　本書は、筆者が近年その時々の融資トピックスについて、信用組合の機関誌「しんくみ」に「しんくみ融資ホットスポット」として1年半にわたり連載したものをベースに、大幅に加筆・再構成を行ったもので、融資現場の入口から出口に至るまでの様々なトピックス、考え方、戦略を網羅しています。これらを参考にしていただき、マイナス金利で融資の増強が求められる時代の支店長の融資マネジメントのお役に立てることができたら幸いです。

　最後に、本書における意見の部分は、筆者の個人的な見解で、筆者が過去に所属し、または現在所属している組合の見解を示すものでないことを申し添えます。

平成28年12月

黒木 正人

目　次

はじめに

第1章　支店の融資を伸ばす秘訣
　1．クイックレスポンスが差別化につながる・11
　2．サブの先をすべてリストアップ・13
　3．新規融資先を開拓する・14
　4．差別化としての相談業務のポイント・18
コラム1●よろず相談からの取引先・融資獲得・19

第2章　ABLの活用による融資伸張
　1．発想を転換し新規先や正常先に提案する・24
　2．普及の決め手である動産譲渡登記制度・25
　3．定期的なモニタリングの必要性・27
　4．ABL融資の問題点・28
　5．積極的な融資戦略の一つとして活用・30
コラム2●融資商品の重要性・31

第3章　支店で取り組む事業性評価に基づく融資
　1．事業性評価とは何か・33
　2．地域金融機関における位置付け・35
　3．金融モニタリングレポートの内容・39
　4．「平成27事務年度　金融行政方針」の内容・40
　5．「平成28事務年度　金融行政方針」の内容・42
　6．当局によるヒアリングの内容・43
　7．事業性評価融資を現場に落とすには・44

8．SWOT分析とは・47
　9．事業の内容・成長可能性の評価・49
　コラム3●事業性評価融資稟議における業種別事例・50

第4章　金融仲介機能のベンチマーク
　1．金融仲介機能のベンチマーク策定の背景・68
　2．支店における共通ベンチマークの活動・69
　3．支店で行う選択ベンチマークの活動・72

第5章　渉外係に教える業種別見るべきポイント
　1．小売業の見るべきポイント・79
　2．卸売業の見るべきポイント・80
　3．建設・土木業の見るべきポイント・81
　4．製造業の見るべきポイント・83
　5．運輸業の見るべきポイント・84
　6．不動産業の見るべきポイント・84
　7．飲食業・サービス業の見るべきポイント・86
　8．医療業の見るべきポイント・86
　9．介護業の見るべきポイント・87
　10．農業の見るべきポイント・90

第6章　渉外係に教える決算書の見方と定性情報評価
　1．支店での決算書を見るポイント・92
　2．損益計算書のヒアリングポイント・93
　3．貸借対照表のヒアリングポイント・94

4．融資に際し取り受ける書類・96
　5．定性情報評価のポイント・96
　6．企業の成長可能性とは何か・99

第7章　経営者保証に関するガイドラインの活用方法
　1．求められる積極的活用の視点・101
　2．経営者保証なしの3つの要件・102
　3．取引開始のツールとして活用・104
　4．事業承継とガイドライン・105
　5．「経営者保証に関するガイドライン」の活用事例・107
　6．保全の充足と代替する融資手法・108
コラム4●融資に代わる取組み①　クラウドファンディング・109

第8章　融資月末残高の重要性
　1．日本銀行の資金供給制度を活用する・115
　2．成長基盤強化制度の仕組み・115
　3．貸出増加支援制度の仕組み・117
　4．制度の積極的活用による融資推進・118
コラム5●融資に代わる取組み②　地域活性化ファンド・119

第9章　マイナス金利と融資の現場
　1．日本銀行の思惑とは・125
　2．支店行職員の思っていること・125
　3．本当の融資の現場力とは・126
　4．求められる経営不振先への新規融資・128

5．経営不振先の新規融資の対象となる先とは・129
　　6．短期継続融資を活用する・131
　コラム6●フィンテックと融資の現場・132

第10章　信用保証協会の活用方法
　　1．年々減少する保証債務残高・136
　　2．信用保証協会事業の基本理念とは・136
　　3．金融機関の利ザヤ縮小が原因・137
　　4．中小事業者には負担となる信用保証料・138
　　5．信用保険機能とは・139
　　6．支店における付保融資の活用方法・139
　　7．検討が進む信用補完制度の見直し・141
　　8．反社会的勢力への融資の諸問題・142

第11章　支店で取り組む個人ローン推進
　　1．法人融資に偏重した戦略の反省・143
　　2．求められる住宅ローンの推進・143
　　3．消費者ローンの推進手法・144
　　4．女性職員とのコラボによる推進・145
　　5．新規先へのアプローチ手法・145
　　6．DMを活用した推進・146
　　7．アパートローンの推進・146
　コラム7●「住まいるカードローン」戦略・147
　コラム8●プロパー個人ローン戦略・149
　コラム9●個人ローン職域戦略・150

第12章 「育てる金融」のための取引先経営改善の考え方
1. バンクミーティングでの出来事・151
2. 従来の経営改善計画の考え方・152
3. 経営改善計画のチェック・153
4. 経費を効率的に使い売上・利益を向上・154
5. 貸し出す金融から育てる金融への転換・154

第13章 DDS・債権放棄・再生ファンドによる企業再生
1. 支援協議会の暫定リスケ計画・156
2. 資本性借入金（DDS）とは・157
3. 事業再生計画とモニタリング・158
4. 第二会社方式による債権放棄・159
5. 経営者の交代と保証債務の整理・161
6. 中小企業再生官民ファンド・163

第14章 支店の不良債権をどう考えるか
1. 不良債権比率の業態別推移・167
2. 旧態依然の中小信金・信組の債権管理・168
3. 不良債権比率を下げるには・169
4. バルクセールとは何か・170
5. サービサーと売却された債務者のその後・171

第15章 融資取引における相続の重要性
1. 求められる融資取引と相続の知識・174
2. 個人債務者の死亡と延滞への対応・175

3．債務引受の2つの方法・175
4．法人融資先代表者死亡時の対応・176
5．保証人死亡時の対応・176
6．担保権がある場合の対応・177
7．民法改正と保証の基本・178
8．民法改正における保証実務・180
9．民法改正を踏まえた時効の基本・181
10．時効中断の3つの事由・181
11．時効の援用・183

第16章　求められる債権回収の知識
1．支店における債権回収の考え方・186
2．相殺による回収の基本・187
3．年金との相殺の問題点・188
4．民事再生手続による相殺・188
5．破産手続と債権債務の関係・189
6．仮差押えによる回収・190
7．仮差押えの注意点・191
8．担保不動産からの回収・191
9．賃料からの回収・192
10．不動産の換価による回収・193

第1章　支店の融資を伸ばす秘訣

１．クイックレスポンスが差別化につながる

●時間のかかる融資稟議制度

　筆者の所属する飛騨信用組合は、平成24年3月末融資残高769億円から、平成28年9月末融資残高1,000億円へと、融資を4年間で約231億円増強しました。第1章では、その取組みをベースに融資を伸ばすための秘訣について考えてみたいと思います。

　融資では、どの金融機関においても稟議制度が機能しています。例えば、渉外係がお客様から融資の案件を相談されたとします。渉外係は、お客様から決算書等の書類を取り受けて、この融資に取り組むことができるか店内協議書などを使って検討し、融資係に回します。融資係はそれにコメントを書き加え、融資役席に回します。融資役席は多くの場合、過去の融資経験から違った視点で見直すように指示します。そして、再び上がってきたものを次長・支店長に回します。次長・支店長はさらなる質問を融資役席に浴びせ、融資役席はその質問を融資係・渉外係に下ろし、渉外係はお客様に追加資料と追加ヒアリングをします。支店長が納得すると、ようやく本部に稟議が上がります。本部の審査役・課長は融資のベテランですので、支店と様々なディスカッションを行い納得すると部長に回付されます。この稟議制度では、渉外係が融資の案件を聞きつけて決裁されるまで、2～3週間かかってしまうのが現実です。

　筆者が融資を伸ばしている金融機関の特徴を調べると、そこにはクイックレスポンスがありました。融資決裁に至るリードタイムの短縮こそが、融資を伸ばす最大の秘訣だったのです。なぜなら、早く回答すれば他金融機関が入り込む隙がありません。お客様も早く返事をすれば安

心して事業に取り組め、機会ロスを防げます。金融庁の企業ヒアリングにおけるメインバンクを選択している理由の６位に「融資実行の意思決定のスピード」が入っていることからも、融資先のニーズにマッチすることが分かります。このようにクイックレスポンスは、他金融機関との最大の差別化につながるのです。

　飛騨信用組合では、融資にスピード感を持たせるために、融資の事前相談を定着させました。渉外係がお客様から案件を聞きつけると、融資部にすぐ相談を持ちかけます。稟議書や協議書を作成することなく、手元にある資料を融資部に持参して、部長・課長とこの案件に取り組むべきか否かをディスカッションし、その場ですぐに結論を出します。

　渉外係はディスカッションのなかで、融資判断のポイントを習得していきます。お客様にはすぐに返事して稟議書は後で作成します。また、渉外係がお客様に融資を提案したいときも事前相談を活用します。事前に融資提案の大枠を決めておけば、提案者は自信を持ってお客様に融資提案ができるからです。

　融資の審査基準そのものは、各金融機関に蓄積されたものなので、短期間で大きく変わることはありません。そこで短期間に融資を伸ばすには、やはりクイックレスポンスに尽きることになります。金融機関の基本である稟議制度そのものは残しながら、判断過程のリードタイムを短縮化し、地域金融機関ならではの小回りを利かせることで、大きく融資残高を伸ばすことができるのです。

　しかしこれは、"言うは易し、行うは難し"です。特に稟議書を書くときに過去の稟議書のサンプルを求めるタイプの担当者が多い金融機関ではできません。だからこそ、実行できたときには劇的な効果を発揮します。

●**支店でのリードタイムを短縮化**
　さて、ここまでは金融機関としての取組みの成功例でした。ではこれ

を支店に置き換えてみたらどうでしょうか。

　渉外係がお客様のところで融資の話を聞きつけたとします。すると、すぐ支店長と融資係を交えて情報を共有し、取り組むか否かを相談します。ここでのポイントは、店内協議書等の書類を作らないことです。手元にある資料だけでフリーハンドで議論するのです。そしてこの融資を取り組むべきと支店長が判断したなら、支店長と渉外係は決算書等手元にある資料を持参して本部の融資決裁部署に向かいます。本部の決裁部署とディスカッションし、融資決裁の内諾を取り付けます。融資判断にはいくつかのポイントがあり、本部の決裁部署にはそのノウハウが蓄積されています。たとえ内諾を取り付けられなくても、融資に対する方向性や考え方はつかめます。そのうえでお客様のところに行き、支店長自らが融資案件の考え方や返事をします。

　支店でのリードタイムの短縮と本部への直訴型相談、そして支店長によるお客様への返事、この3つを愚直に実行すれば、自ずと融資の数字は伸びてきます。

2．サブの先をすべてリストアップ

●本部主導による推進が効率的

　例えば、融資量1兆円未満の地域金融機関の融資取引先には、地方銀行がメインでサブが信用金庫・信用組合という先が多くあります。融資を伸ばすには、ある程度のロットを確保しなければならないので、融資先のメイン化戦略は重要です。それには推進先をリストアップし、取引先にいくらまでどの程度の金利水準で取り組めるか、本部主導で事前に包括的な承認をしたうえで推進すると効率的です。なぜなら、先述のように、渉外担当者が自信を持って取り組むことができるからです。本部における決裁のポイントは、絶対にはしごを外さないことと、交渉のバッファーを担当者に与えることです。そして、融資だけではなく法人預金

や従業員関連取引も併せてアプローチします。

このような戦略を本部主導で行ってくれるといいのですが、なかなかそうはいきません。そこで支店での活動を考えてみましょう。

●メイン化が可能かどうかを判断する

まず、支店取引先のサブの先をすべてリストアップします。メイン化には、他金融機関の肩代わりが手っ取り早いので、リストアップした先の決算書の付属明細から「借入金及び支払利子の内訳書」を見ます。そこには借入先の決算日時点の融資残高が記載されているので、どの借入金を肩代わりするか当たりをつけます。なかには、期中の支払利子額や利率、担保の内容（物件の種類、数量、所在地等）の記載のある決算書もあるので、そういう場合は、より具体的な提案が可能になります。保証協会を利用しているかどうかは、「仮払金（前渡金）の内訳書」を見て保証料が前払費用として計上されているか確認します。

こうしてリストアップしたサブの先について、支店で融資係、渉外係を交えてメイン化が可能かどうか判断していきます。そして本部との交渉です。支店長は、このリストと決算書等手元にある資料を持ち、本部の融資決裁部署に出向きます。そして本部の決裁部署と、どの先にいくらくらい、どのくらいのレート・担保条件で、融資提案が可能かをディスカッションし、できたら融資決裁の内諾を取り付けます。

もし、融資決裁部署に具体的な案件でないので審査できないといわれたら、営業推進部署を通して、融資推進のための提案書作りをしたいと依頼してみます。

3．新規融資先を開拓する

●融資を伸ばすために布石を打つ

融資を拡大するには、絶えず新規融資先を開拓しなければなりません。

既存先をしっかりと守るという営業方針では、融資の約定返済、廃業、倒産などにより融資は減る一方です。新規融資先の開拓を継続的に行い、融資先数・融資金額を増加させ、融資先のポートフォリオの適正化を図りながら、取り組む必要があります。また新規融資先を増やすことは、地域経済の活性化を通して地域創生にもつながります。このように新規融資先の開拓は、融資を伸ばすための大きな布石となります。

金融庁の「中小・地域金融機関向けの総合的な監督指針(平成27年4月)」では、「将来の成長可能性を重視した融資等に向けた取組み」として、主に企業の成長融資にスポットが当てられています。また平成25年9月に金融庁から出された「平成25事務年度　金融機関向け監督方針」においては、新規融資の取組みについての考え方がいくつか示されています。

その内容は次の通りですが、この13項目の監督方針は現在でも陳腐化することなく、新規融資に注力する必要性が伝わってくるとともに、支店の新規融資先推進の視点が分かりますので、ぜひ確認しておいてください。

●平成25事務年度の13項目の監督方針

①新規融資(特に中小企業・小規模事業者向け融資)について、どのような経営方針の下で積極的に取り組んでいるか。当該経営方針を営業の第一線に対してどのように周知徹底しているか。

②今後期待される景気回復局面における新たな資金需要の見通しについて分析を行い、当該分析結果に基づき融資の方針等を立てているか。

③新規需要の高まりが期待できる事業分野や地域について、定期的に分析を行い、当該分析結果に基づき新規融資の戦略・方針・具体的な目標等を立てているか。

④資金需要の掘り起こしに当たって、具体的にどのような工夫・取組みを行っているか。

⑤貸付条件の変更等を行った債務者についても、債務者の実態を十分に把握した上で、新規融資に積極的に取り組んでいるか。仮に謝絶する場合には、その理由を具体的に明示しているか。また、貸付条件の変更等の履歴があることのみをもって、新規融資の相談・申込みを謝絶していないか。
⑥顧客企業のライフステージに応じたコンサルティング機能の発揮（販路開拓支援・海外進出支援等）を新規融資に結びつけるため、具体的にどのような工夫・取組みを行っているか。
⑦新規融資を行う際に不動産担保や保証（信用保証協会保証、個人保証）を求めるのは、どのような場合か。
⑧ABL（電子記録債権の活用を含む）など、不動産担保や保証に依存しない融資の推進や資本性借入金の活用に当たって、具体的にどのような工夫・取組みを行っているか。
⑨新規融資についてどのような基準に基づき審査を行っているか。特に中小企業・小規模事業者向け融資の審査に当たって、具体的にどのような工夫・取組みを行っているか。
⑩スコアリングによる定量面（P/L、B/S）の審査に偏重することのないようにするため、具体的にどのような工夫（定性面の評価等）・取組みを行っているか。
⑪新規融資に関する苦情・相談について、どのような態勢で対応しているか。
⑫業績評価や人事評価に当たって、新規融資の取組みを勘案しているか。
⑬新規融資の取組み、預貸率を含む金融機関のポートフォリオの状況等について、どのように分析し情報開示を行っているか。

●帝国データを活用してリストアップ

　基本的な考え方を理解したところで、具体的な活動を考えてみましょう。新規融資先を獲得するために、手当り次第に訪問しても成果にはつ

ながりません。ターゲットを絞り効果的に取り組む必要があります。

　開拓先リストアップの方法は、外部によるものと内部によるものに分かれます。外部からは信用調査会社のデータベース、信用録、商工会議所名簿、法人会名簿、商店街名簿、業界名簿、ロータリークラブ・ライオンズクラブの名簿、電話帳、インターネットの検索、ホームページからの各種資料ダウンロード、新聞の地方版に取り上げられた事業先などがあります。

　内部からは取引先からの紹介、税理士の紹介、行職員の紹介、既存融資先の販売先・仕入先・資金トレース先、下請先、子会社、ローラー活動による情報収集先、過去に融資があった事業先、預金取引はあるが融資がない事業先、新規開拓先としてすでにアプローチしている先などがあります。

　そこで筆者の所属する飛騨信用組合では、新規融資ターゲット先の選定にあたり、信用調査会社（帝国データバンク）のデータベース（COSMOS）を活用しています。支店テリトリー内の年間売上5,000万円以上の事業先一覧を取り寄せ、評点51点以上の先をリストアップします。評点51点以上としたのは、すでに当組合に融資のある先の債務者区分と評点をマッチングさせた結果、51点以上の先ならほぼ正常先・その他要注意先の範囲内に収まっていたからです。

　また、COSMOSのデータ情報により、企業概要（商号、所在地、電話番号、資本金、業種、従業員数、創業年月、会社設立年月、取引銀行、仕入先、転売先、系列）・代表者（氏名、住所、電話番号、出身地、出身校、生年月日、性別）・業績（決算期、売上高、利益、自己資本）を把握します。その都度調査報告書を取らなくても、この程度の概略は把握できます。

　このように新規融資先のターゲットを絞ったら、できれば本部決裁部署に事前相談を持ちかけたうえで提案内容（融資提案金額、レート等）を決定し、新規訪問します。

4．差別化としての相談業務のポイント

　融資を推進していくと、どうしても他金融機関との金利競争に巻き込まれます。マイナス金利政策下では、肩代わり合戦が想定されるため、金利は融資獲得の最重要ファクターとなります。しかし「やられたらやり返せ、倍返しだ」と半沢直樹型の営業を進めていくと、そこには果てしない金利競争が待っています。金利競争に巻き込まれたら、預金調達コストが高くては話になりません。そのため、金利以外の要素で差別化を図らなければなりません。

　皆さんは認めたくないでしょうが、実は融資において金利以外での差別化は難しいのが現実です。「お客様とのコミュニケーションが取れているので肩代わりされない」と自信を持っている人もいますが、その絆も転勤とともに断ち切られ、融資は金利の一番低い金融機関に収れんしていきます。数少ない例外があるとしたら、相談業務の充実でしょうか。

●相談に乗るのではなく作ることがポイント

　支店での相談業務を考えると、「彼女はコミュニケーション能力が高いので相談業務に向いている」「彼は今までのキャリアや資格取得の状況から相談業務は可能だ」など、どうしても属人的な要素に頼りがちです。相談業務ができる人材はすぐには育成できません。ですから、支店での相談業務は個々の能力を高めるのではなく、支店長を交えたチームで担当するのが効果的です。

　ここでは、お客様の「相談に乗る」のではなく「相談を作る」ことがポイントとなります。支店にはお客様の決算書をはじめ情報が数多くあります。お客様が欲しがる補助金の情報、ビジネスマッチングの情報、金融機関ならではの情報をピックアップし、提案型の相談を持ちかける姿勢が大切です。また、相談において信頼されるポイントは、スピード

第 1 章　支店の融資を伸ばす秘訣

すなわちクイックレスポンスであることはいうまでもありません。

＜第 1 章のポイント＞
・融資を伸ばすにはお客様へのスピード回答が鍵となる。
・目先の融資残高増強にはサブ取引先のメイン化を推進する。
・常に新しい融資先を開拓しないと融資量は先細りとなる。新規融資先開拓の考え方は金融庁の監督方針を参考にする。
・新規先推進には帝国データバンクの 51 点以上の先を攻めてみる。
・お客様の相談には支店長を交えたチームで対応し提案型の相談を心がける。

コラム１●よろず相談からの取引先・融資獲得（飛騨信用組合の事例から）

■ビズコンヒダ

　飛騨信用組合では、2014 年 7 月に「BizCon.HIDA（ビジネスコンシェルジュ HIDA）略称：ビズコンヒダ」を立ち上げた。ビズコンヒダとは、地域の事業者が抱えているビジネスの悩みを受け付け、一緒になってサポートし解決に導くことを目的としている。主なサポートメニューは、「売上拡大サポート」「経営サポート」「起業・創業サポート」「資金サポート」「情報発信」「専門家派遣」などで、事業者の悩みを徹底的に聞き、経営上の課題を浮かび上がらせ、それを解決する手段を一緒に考え実行し、その後もモニタリングを通して継続的にサポートする。いわば地域事業者の"よろず相談所"ともいうべき場所である。

　ビズコンヒダは、飛騨信用組合のコーポレートビジョン"街のコンシェルジュ"を具現化する施策であり、特に事業者にフォーカスした"ビジネスのためのコンシェルジュ"を志向している。この取組みでコンサルティング機能をさらに強化し、他金融機関との差別化を図るとともに、事業者との関係をより深化させることで、地域から"選ばれる金融機関"

を目指している。

　相談員は、筆者のほか公認会計士・税理士・行政書士・中小企業診断士・宅地建物取引士などの公的資格を持つもの、Ｍ＆Ａシニアエキスパート・農業経営アドバイザー・動産評価アドバイザーなどの民間資格を持つ本部・支店の若手職員をコンシェルジュに指名して、本部・支店の枠を超えたバーチャル組織として活動している。

　ビズコンヒダの理念とスキーム図は、次の通りである。

＜理　念＞

①BizCon.HIDA のミッション（任務・使命）
≪社会に対してこうなりたいという目的≫
地域金融機関としての枠を超えた事業者支援、起業者支援の役割を果たすことで、飛騨地域の経済発展に寄与すること。

②BizCon.HIDA のビジョン（志・方向性）
≪組織としてこうなりたいという状態≫
地域の事業者の皆様にとって最も身近で頼りになる相談相手となること。
事業者の皆様にとってのコンシェルジュ（トータルソリューショニスト）となること。

＜スキーム図＞

```
飛騨信用組合 ──→ ミラサポ
    │        (専門家の派遣)
 (運営)
 (相談員の派遣)
    ↓
 BizCon.HIDA ←─連携─→ 高山商工会議所／神岡商工会議所
    │                 高山市役所／飛騨市役所
 (ソリューション提供)                商工会
 (セミナーの開催) ↑(相談)
    ↓
 相談者（市内・外の中小企業者・創業者）

・相談者の紹介
・セミナーの共同開催
・PRへの協力
```

第1章　支店の融資を伸ばす秘訣

■設立背景

　現在の飛騨信用組合を取り巻く環境は、①中小企業・小規模事業者の景況感においては、アベノミクスの追い風を受けているとはいえ、未だ不安定である、②マーケット環境においては、人口減少局面にあるどころか高齢者人口でさえ減少しており、事業所数の減少・地域産業の衰退と縮小傾向が著しい、③金融環境においては、メガバンクの中小企業取引参入、複数の地銀・信金・JA入り乱れて競争激化の状況にある。

　そんななか、預金原価率の高い飛騨信用組合は、融資における金利競争は限界に達しており、今後どんなフィールドで勝負していくかを考えると、昔から中小企業・小規模事業者のよろず相談をしてきた地域金融機関の原点を鑑み、その強みを徹底することによる差別化を図り、地域のお客様の目を飛騨信用組合に向けさせ、ファンを多く獲得する戦略が必要であると結論づけた。その戦略を具現化したものがビズコンヒダの活動である。

■中小企業庁のよろず相談拠点との差別化

　中小企業庁では、よろず相談拠点を全国に展開している。中小企業の売上拡大・経営改善に関する悩みを徹底的にヒアリングし、気づきやヒントを与えるこのビジネスモデルは、その相談件数において大きな成果をあげている。しかしよろず相談拠点は、多くは県庁所在地にその拠点を置き、地方・地域を地盤に持つ地域金融機関の取引先が相談に行くことは少ないと思われる。したがって差別化の1点目は、地域金融機関の特性を活かした地域に密着した身近な相談所という点である。

　差別化の2点目は、攻めの姿勢である。筆者の経験では、金融機関に事業者から積極的に相談に訪れることは少ない。事業者から見れば金融機関は敷居が高いのである。であれば、こちらから出向くしかない。ビズコンヒダでは来店を待つのではなく、企業に出向く訪問型コンサルティングの形をとっている。例えば、事前に取引先企業の決算書等を把

握して補助金の提案を行い、企業と一緒になって申請書を作成し面接に同行する。そうした徹底したサポートで企業の信頼を勝ち得て、何でも気軽に相談できるという雰囲気を醸し出せたら成功である。

　差別化の3点目は、ビズコンヒダにはファイナンス機能・クラウドファンディング機能・ファンド機能があることである。金融機関なのでファイナンス機能は当然であるが、それに加えプロジェクトアイデアを持っている企業や個人に、インターネットを通じて個人投資家から小口資金を集めるクラウドファンディングに積極的に取り組んでいる。クラウドファンディングにおいては、「セキュリテ」を運営するミュージックセキュリティーズ（株）と提携した投資型と「FAAVO（ファーボ）」を展開する（株）サーチフィールドと提携した購入型の2種類を用意して、活発な活動を行っている。

　このクラウドファンディングを切り口にしたビズコンヒダの活動は、政府が取り組む地方創生の「ふるさと投資」制度の最先端を走るとともに、フィンテックの一つのツールでもある。飛騨信用組合にとっては、今までとはまったく違った顧客層（若者、NPO法人、地域の起業・創業者など）の獲得に寄与している。

　また信用組合では全国初となる、地域活性化ファンドの組成を行っている。このファンドは、地域活性化に資する企業に対して主に社債により投資できるものであり、融資推進との相乗効果も期待できる。

■活動状況

　ビズコンヒダの活動は、平均して1ヵ月約50件の相談実績となっている。その相談割合は、事業展開・新規事業に関わる相談が25％、資金調達に関する提案・相談が20％、クラウドファンディングの提案・相談が15％、補助金申請に関わる相談が10％、事業再生・専門家派遣に関する相談が20％、そのほか10％となっており、バランスの取れた幅広いニーズがあることが分かる。

■今後の展開

　スキーム図には、市役所・商工会議所・商工会との連携（相談者の紹介、セミナーの共同開催、PRへの協力など）をうたっており、将来的には、これらの自治体、経済団体を巻き込んだ地域の中小企業支援の中心的な拠点を目指していくのが望ましい。しかし、公共団体との連携では、どうしてもスピードが遅くなり、他金融機関と横並びの施策でないと進まないなどの問題点が出てくる。

　それなら、地域金融機関が行政に代わりシュリンク（縮小）していく地域経済・社会でより強いリーダーとなるという使命感を持って、当面は現状の活動を継続していく必要があると認識せざるを得ない。街のコンシェルジュを具現化するこのようなビズコンヒダの活動は、地域顧客の積極的な支持を得るためのファーストステップになるものである。

第2章　ABLの活用による融資伸長

1．発想を転換し新規先や正常先に提案する

● ABLとは何か

　ABLとは、Asset（企業の保有する資産）、Based（を基にした）、Lending（融資／ファイナンス）の略で、企業の事業価値を構成する在庫（原材料、商品）や機械設備、売掛金等の資産を担保とする融資（経済産業省の定義）をいいます。

　ABLは、金融円滑化法の時代に保証や不動産担保に過度に依存しない取組みとして注目されました。しかし、その推進の中心が企業の信用度が低下している要管理先・破綻懸念先だったため、デフォルトする確率も高く、思ったほど普及しませんでした。その要因は、在庫を担保に取るという発想を、保全不足を補うといった観点から捉えたことではないかと思われます。

　支店においてABLを使い融資推進するには、発想の転換が必要となります。これを要管理先・破綻懸念先への融資と考えるのではなく、そのターゲットを新規先・正常先・その他要注意先にします。それらの先に対して、在庫・機械等を担保に取り、継続的なモニタリングを実施することで企業とのコミュニケーションが密になる、企業の実態把握・事業性評価が可能になるとの観点から取り組むのです。従来のリスクの高い企業にABL融資を提案するという考え方とは、まったく逆の発想です。特に太陽光発電案件などの融資には最適といえるでしょう。

●決算書により融資先を発掘する方法

　取引先がABL融資の対象になるかどうかは、決算書を見ればすぐに

分かります。資産の部に着目し、流動資産の受取手形・電子記録債権・売掛金があれば債権担保、製品・商品、半製品・仕掛品、原材料・貯蔵品があれば集合動産担保、固定資産の機械装置・運搬具・工具器具備品があれば、個別動産担保の対象資産となります。取引先から決算書を取り受けたら、このような視点で見てください。不動産担保が一杯の先でも動産担保なら手つかずの状態にあります。

2．普及の決め手である動産譲渡登記制度

●動産の担保取得が容易に

ABLが広く普及するきっかけとなったのが、平成17年10月に施行された「動産及び債権の譲渡の対抗要件に関する民法の特例等に関する法律」いわゆる「動産譲渡登記制度」の制定です。

この制度では、将来発生する売掛債権を一括して担保として取得でき、集合動産（例えば倉庫にある商品など）についても、一括して担保に取ることができるようになりました。そしてその登記においては、将来発生する債権の総額を決める必要がなく、将来発生する債権の種類を記載すればよくなりました。したがって、個別の売り先は記載する必要はありません。これにより、金融機関は在庫や売掛金、機械設備などの動産の担保取得が簡単になりました。

登記費用も登録免許税の7,500円に加え司法書士への手数料5～6万円と高額ではないため、現在では司法書士に気軽に依頼できる状況になっています。

●動産譲渡担保の登記記録例

動産譲渡担保には、「集合動産譲渡担保」と「個別動産譲渡担保」があります。では、ここで実際の集合動産（太陽光発電）、個別動産（フォークリフト）の登記記録例を見てみましょう。これにより動産担保のイメー

ジが湧くと思います。

[種類]：太陽光発電設備一式
[特質・所在]：岐阜県高山市一之宮町5264番1、5264番2
[動産区分]：集合動産

[種類]：フォークリフト
[特質・所在]：製造番号：03—8FR10
[動産区分]：個別動産
[備考]：保管場所の名称：黒木製材棟、保管場所の所在地：岐阜県高山市一之宮町5264番1、5264番2

● 第三者対抗要件明認の必要性

　このように、登記は可能となりましたが、売掛金は第三者への譲渡禁止特約があればそちらが優先し、在庫や機械設備は善意の第三者に対抗するためには明認（例えば「この倉庫の中の商品は○○銀行の担保である」といった貼り紙や、機械設備等では「この機械設備は○○銀行の担保である」というシールを貼ること）が必要となります。

　したがって、ABLを導入している金融機関では売掛金をABLの対象から外しているところがあります。また、在庫・機械設備等ABL融資では、明認を行うと取引先の信用不安になる（在庫まで担保に取られている危険な先なのか…）ことを恐れて、明認を留保する形で担保設定をするケースもあります。

　また、ABL融資では登記上の問題点が3つあります。

　1つ目は、債務者が法人でないと登記ができないことです。すなわち、個人事業主には登記のあるABL融資ができません。したがって、個人事業者に対してはABLの契約のみを締結し、登記することなくABL融資を行うことになります。ただし将来、法改正により登記ができるようになった場合は、その時点で登記を依頼することになります。

2つ目は、登記の存続期間が10年ということから、登記の管理を行う必要があることです。ただし、太陽光発電ABL融資などは15年返済で実行することがあります。その場合、金銭消費貸借契約書を添付して登記申請を行うことで、その返済期限までの登記が可能です。

3つ目は、登記は早いもの勝ちということです。したがって、登記する前に「動産譲渡ファイルに記録されていないことの証明」を取る必要が生じます。早い者勝ちということは、他金融機関に先んじてABL融資を推進することで、差別化を図ることができます。

まだまだABL融資に消極的な金融機関が多いなか、新規先・正常先・その他要注意先に対して積極的に推進することは、支店の大きなビジネスチャンスと考えましょう。

3．定期的なモニタリングの必要性

ABL融資で重要なことは、担保に取った動産等のモニタリングです。今までは一度融資すると、その後の期中管理は信用不安が起きない限り行われないのが通常でした。しかしABL融資では、3ヵ月から6ヵ月ごとにモニタリングを行う必要があります。なぜなら、これを継続し取引先の商品の生産状況、在庫の状況、動産の稼働状況、太陽光の発電状況などを把握することで、融資担当者は企業活動そのものである「在庫」⇒「売掛債権」⇒「現預金」の循環を体感することができるからです。

すなわち、企業は原材料を仕入れ、「機械設備」等により加工し、販売を行います。仕入れた原材料や製造された製品は、販売までの間「在庫」として保管されます。「在庫」は、販売されると、代金が決済されるまでの間「売掛債権」となります。そして代金が入金されれば、「売掛債権」が「現預金」へと変わります。企業は取得した「現預金」を使って、新たに原材料等を仕入れ、これが再び「在庫」になります。

こうした循環過程における在庫や機械設備を担保に取り、取引先の営

業活動の流れを把握しモニタリングすることで、真の意味で企業の実態把握が可能となります。ひいては、これが事業性評価融資にもつながっていきます。

さらに当該企業の担当者は、事務所の応接間での話から工場・倉庫などの現場に足が向くようになります。それにより企業のビジネスモデルを体感することができ、今までより一歩踏み込んだ企業の実態把握・事業性評価が可能となります。このようにABLへの取組みは、支店の若手担当者を大きく成長させるきっかけとなります。

4．ABL融資の問題点

●担保処分等に関係するいくつかの問題

しかし、ABL融資にはいくつか問題点があります。

1つ目は担保処分の困難性です。在庫や機械設備等は、企業が通常の商取引をしている間は高い資産性が維持されますが、信用不安や倒産の際には、価値が大きく毀損してしまいます。すなわち、在庫や機械設備等を実際に処分する際には、そのマーケットが確立されていないので、担保価値がほとんどなかったという事態になる可能性があります。

どうしても処分できないABL担保は、最終的にいわゆる「バッタ屋」に言い値で売るしかなくなります。その前にいかに担当者自身が売却先を捜してくるかですが、それは困難を極めます。簿価の15％程度回収できたら御の字ではないでしょうか。

2つ目は想定外のことが起こることです。例えば、賃貸倉庫内にある在庫を担保に取ったケースでは、破綻した融資先が支払うべき倉庫賃料が不払いとなることがあります。その場合、その担保在庫を占有するためには、倉庫賃貸先に対して倉庫賃料を第三者弁済する必要が出てきます。最終的に処分できなかった場合は、経済的損失を被ることも考えられます。

3つ目は担保評価についてです。金融庁は、ABL融資の積極的な活用を推進するため、金融検査マニュアル運用の明確化（平成25年2月5日、ABL（動産・売掛金担保融資）の積極的活用について）を行っています。そのポイントは5つあります。

●金融検査マニュアル運用の明確化

　1つ目は「一般担保」要件の運用の明確化です。すなわちABL担保が客観的な処分可能性がある担保である「一般担保」として取り扱われるための要件において、具体的にどのような担保管理を行えば、その要件に合致するかがより明確になるような担保管理手法を例示しました。

　2つ目は「自己査定基準」における担保掛け目の明確化です。金融検査マニュアルに、「動産・売掛金担保」の標準的な掛け目（動産担保は評価額の70％、売掛金担保は評価額の80％）の水準を記載しました。

　3つ目は「電子記録債権」の自己査定上の取扱いを明確化したことです。すなわち「電子記録債権」のうち「決済確実な商業手形」（優良担保扱い）に準じた要件を満たすものについては、「優良担保」として取り扱うことができるとしました。

　4つ目は検査における検証方針の明確化です。金融機関が「動産・売掛金担保」を「一般担保」として取り扱っている場合、その適切性を金融検査で検証する際には、当面、PDCAサイクルが機能していれば、金融機関の取組みを尊重する方針を明確化しました。

　5つ目はABLにより「貸出条件緩和債権」に該当しない場合の明確化です。ABL融資には、担保資産の管理等を通じて、債務者の経営実態を金融機関が把握できる特質があることを踏まえ、仮に中小企業が経営改善計画を策定していない場合でも、金融機関がABLにより、当該企業の実態を把握したうえで、経営改善に関する資料を作成していれば、現行の金融検査マニュアル（中小企業融資編）の考え方に照らして、これを「実現可能性の高い抜本的な計画」とみなして、「貸出条件緩和債権」

には該当しない取扱いとすることを明確化しました。

このように金融検査マニュアルでは、ABL融資のPDCAサイクルが機能していれば「動産・売掛金担保」を「一般担保」扱いできるとされています。支店長は、所属金融機関の状況（「一般担保」扱いにしているのか、それとも添え担保扱い（担保評価はゼロ評価）としているのか）を確認して、ABL融資の積極推進を図ったらどうでしょうか。

5．積極的な融資戦略の一つとして活用

ABL融資は、平成17年3月「地域密着型金融の機能強化の推進に関するアクションプログラム」において、「不動産担保・保証に過度に依存しない融資を促進するための手法の拡充」「中小企業の資金調達手法の多様化等」の具体的取組事例として取り上げられ、その後徐々に普及してきました。平成24年7月の政府による日本再生戦略ではその活用が示されるなど、アベノミクスによる経済成長の一端を担っています。

平成25年2月には、金融庁が金融機関によるABLの積極的活用を推進するために金融検査マニュアルを改訂し、さらには経営者保証ガイドラインでは、経営者保証に代わる融資手法として、ABLの活用を示唆しています。

支店においてABL融資を新たな資金需要を創り出す積極的な融資戦略の一つとして活用することで、今後の融資伸張に寄与することになり、支店融資マネジメントの重要な一端を担う融資戦略となるのではないでしょうか。

＜第2章のポイント＞
・ABLのターゲットは不良債権先の保全補完ではなく、新規先・正常先・その他要注意先と捉える。
・ABL推進の本来の趣旨は取引先の実態把握・事業性評価である。

・お客様の決算書の流動資産・固定資産に着目しABLの担保を探してみる。
・ABLの登記は難しいものではなく、手数料も負担にならない。
・ABLはモニタリングをすることで期中管理を行う。
・ABLへの取組みは支店の若い職員を大きく成長させる。
・ABLにはいざというときに担保処分が困難という問題点がある。

コラム２●融資商品の重要性（飛騨信用組合の事例から）

■農業者応援ローン

　融資の推進には商品力も重要である。融資があまり得意でない担当者でも、ローンのような商品化された融資は推進しやすい。飛騨信用組合では、2013年に「農業者応援ローン」、2014年には「さるぼぼ事業者ローン」というローン形態のプロパー融資商品を発売した。

　農業者応援ローンは、そのターゲットを農業者に絞った。今までは、農地の担保評価が低いこと、農業に関するモノ・カネ・情報の流れが把握できていなかったことから、農業者に対する融資に対して営業の現場は消極的だった。そこで、地方公共団体による「認定農業者」を中心に推進することとし、当座貸越形態で季節的変動の大きい農業者のニーズに合った商品とすることで、拡販を図った。認定農業者を中心に推進した理由は、認定農業者は地方公共団体に計画書を作って提出していることから、その計画書を見せてもらえれば、各々の農家のビジネスモデルが把握できるからである。

■さるぼぼ事業者ローン

　さるぼぼ事業者ローンは、そのターゲットを小規模事業者に絞った。小規模事業者に対する支援は、地域金融機関の得意とするところである。しかし融資の現場では、少額の融資申込みでも信用保証協会付保とするなど保全を考慮する取組みになっていた。そこで、直近決算で利益計上

していること、自己査定において中小企業特性を利用した実態修正ベースで債務超過となっていない取引先を対象に、当座貸越形態の小口無担保ローンとして発売した。小口とはいえ無担保なので、ある程度の財務状況を把握しなければならない。この商品は小規模事業者支援とともに、若い担当者の融資判断 OJT を兼ねた商品として推進している。両ローンとも金利水準が３％台にもかかわらず、順調な伸びを見せている。

　このように、地域の特性を考慮した売りやすい商品を揃え、新しいターゲット顧客の獲得と将来の大きな融資に向けた種蒔き商品を開発し、推進することは将来の布石として大切である。支店長もこんな融資商品があったらいいと思ったら、本部に提言してみたらどうだろうか。

第3章　支店で取り組む事業性評価に基づく融資

1．事業性評価とは何か

●事業の内容や成長可能性などを評価する

　今、融資の現場におけるキーワードは、「事業性評価に基づく融資」です。支店では、本部から事業性評価の推進を声高に求められているでしょう。しかし、事業性評価融資の根拠について詳しく知っている支店長は少ないのではないでしょうか。そこでまず、事業性評価融資の根拠について知識を入れておきましょう。

　事業性評価という言葉がクローズアップされたのは、「日本再興戦略改訂2014」です。そこには次のような記述があります。

　「企業の経営改善や事業再生を促進する観点から、金融機関が保証や担保等に必要以上に依存することなく、企業の財務面だけでなく、企業の持続可能性を含む事業性を重視した融資や、関係者の連携による融資先の経営改善・生産性向上・体質強化支援等の取組が十分なされるよう、また、保証や担保を付した融資についても融資先の経営改善支援等に努めるよう、監督方針や金融モニタリング基本方針等の適切な運用を図る。このような事業性を重視した融資の取組に資する観点から、地域金融機関等の融資判断の際に活用できる技術評価の仕組みの構築に取り組む」

　その流れを受けて策定された金融庁の平成26事務年度「金融モニタリング基本方針」では、「事業性評価とは、財務データや担保・保証に必要以上に依存することなく、借り手企業の事業の内容や成長可能性などを適切に評価すること」と定義されています。

さらに詳しくは、「金融モニタリング基本方針 Ⅱ．重点施策 2．事業性評価に基づく融資等」に次の記述があります。

●**事業性評価融資の推進を監督・検査する**
「金融取引・企業活動の国際化や、国内では高齢化や人口減少が進展する中において、日本の企業や産業が活力を保ち、経済を牽引することが重要である。地域経済においては、人手不足も見られる中、企業・産業の生産性向上を図ることが重要である。

このため、グローバルな競争環境の下で事業を展開する企業や産業が国際競争力を維持・強化するとともに、地域経済圏をベースとした企業や産業が、必要に応じ穏やかな集約化を図りつつ効率性や生産性を向上させ、地域における雇用や賃金の改善につながることが期待される。

こうした中、金融機関は、財務データや担保・保証に必要以上に依存することなく、借り手企業の事業の内容や成長可能性などを適切に評価し（「事業性評価」）、融資や助言を行い、企業や産業の成長を支援していくことが求められる。また、中小企業に対しては、引き続き、きめ細かく対応し、円滑な資金供給等に努めることが求められている。

金融庁としては、この面での金融機関の経営姿勢、企業の事業性評価への取組み、企業に対し現実にいかなる対応を行っているか等につき、検証を行っていく」

また、金融庁検査の基本的な考え方は、小口の資産査定については、金融機関において引当等の管理態勢が整備され機能していればその判断を極力尊重し、今までの資産査定中心の監督・検査方針から、事業性評価に基づく融資をどのように推進しているかを監督・検査するという方向へと大きく舵が切られています。

2．地域金融機関における位置付け

●事業性評価融資とは目利き能力の発揮

また、「金融モニタリング基本方針 V.の１．地域金融機関における課題と今事務年度の考え方」に次のような記述があります。

「地域金融機関は、特定の地域に密着した営業展開を行っており、中小企業や個人を主要な顧客基盤としていることから、地域の経済・産業活動を支えながら、地域とともに自らも成長・発展していくという『好循環』の実現に向けた取組みを強化することが求められている。

また、地域経済において、人手不足も見られる中、その活性化を図っていくためには、企業や産業が、必要に応じ穏やかな集約化を図りつつ効率性や生産性を向上させ、地域における雇用や賃金の改善につながることが期待される。

このため、地域金融機関は、地域の経済・産業の現状及び課題を適切に認識・分析するとともに、こうした分析結果を活用し、様々なライフステージにある企業の事業の内容や成長可能性などを適切に評価（「事業性評価」）した上で、それを踏まえた解決策を検討・提案し、必要な支援等を行っていくことが重要である。

特に、目利き能力の発揮による企業の事業性評価を重視した融資や、コンサルティング機能の発揮による持続可能な企業（特に地域の経済・産業を牽引する企業）の経営改善・生産性向上・体質強化の支援等の取組みを一層強化していくとともに、継続困難な企業に対する円滑な退出への支援にも取り組んでいくことが求められている。

こうした取組みは、取引先企業の生産性向上や産業の新陳代謝の促進につながるものであると同時に、地域金融機関にとっても、単なる金利競争ではない、付加価値の高いサービスの提供による競争を可能とし、

自らの安定的な収益の確保及び健全性の維持・向上につながるものである。地域金融機関は、こうした役割を持続的に発揮していくために必要な機能や態勢及びその前提となるリスク管理態勢や経営体力の一層の強化を図っていくことが重要である」

　これらの記述から地域金融機関に求められる「事業性評価」を再定義すると「事業性評価とは、地域の経済・産業の現状および課題を適切に認識・分析するとともに、こうした分析結果を活用し、様々なライフステージにある企業の事業の内容や成長可能性などを適切に評価し、目利き能力を発揮すること」となります。

●問題の顕在化を待たずに対応する
　次に、「２．主な重点施策及び監督・検査上の着眼点、２-１金融仲介機能の発揮、（１）地域経済・産業の成長や新陳代謝を支える積極的な金融仲介機能の発揮、①取引先企業の適切な評価、解決策の提案及び実行支援」においては、次の記述があります。

「上記１．で示したとおり、地域金融機関は、必要に応じ、外部機関や外部専門家を活用しつつ、様々なライフステージにある企業の事業の内容や成長可能性などを適切に評価（「事業性評価」）した上で、それを踏まえた解決策を検討・提案し、必要な支援等を行っていくことが求められている。また、こうした取組みは、取引先企業において問題が顕在化することを待たずに前広かつ適切に行っていくことが重要である。
　こうした観点から、以下のような対応を重点的に行うこととする。
ア．様々なライフステージにある企業の成長可能性や持続可能性を適切に評価するための取組状況について、以下の点を含め、確認する。
　（ⅰ）主要な営業地域について、地域毎の経済や産業（主要な産業セクターを含む）の現状・中長期的な見通しや課題を、具体的に

どのように把握・分析しているか。また、こうした分析結果を、具体的にどのように企業の成長可能性や持続可能性の評価に役立てているか。
（ⅱ）特に、金融機関のビジネス上重要な取引先企業（地域の経済・産業を牽引する企業、大口与信先等）や主たる相談相手としての役割が期待されている取引先企業（メイン先等）の経営状況や経営課題、ニーズについて、具体的にどのように把握しているか。
（ⅲ）その他の取引先企業について、具体的にどのように企業の状況等を把握しているか。
（ⅳ）財務内容や返済履歴等といった過去の実績に必要以上に依存することなく、その成長可能性や持続可能性を含む事業価値を見極めるために具体的にどのような取組みを行っているか。
（ⅴ）職員の目利き能力やコンサルティング能力の更なる向上、組織としてのノウハウの蓄積等を図るため、具体的にどのような取組みを行っているか。

イ．取引先企業の状況に応じた適切な解決策を提案し、その実行を支援するための取組状況について、以下の点を含め、確認する。
（ⅰ）特に地域経済を牽引する企業や大口与信先等に対して、中長期的な視点に立って、その持続可能性や成長可能性を適切に評価・分析し、その上で必要なコンサルティング機能の発揮や資金供給を行っているか。
（ⅱ）地域に根ざして営業を行う企業等に対して、創業・成長を積極的に支援するため、産学官金の連携による創業支援、政策金融機関やファンド等と連携した資金供給等を含め、具体的にどのような取組みを行っているか。
（ⅲ）担保・保証に必要以上に依存しない、事業性評価に基づく融資（経営者保証に関するガイドラインの活用を含む）を促進するため、具体的にどのような取組みを行っているか。

（ⅳ）取引先企業に対し、財務面だけでなく、売上げ増加や事業承継等の様々な経営課題についても適切なコンサルティング機能を発揮するため、本業支援ができる外部の専門人材の活用を含め、具体的にどのような取組みを行っているか。
（ⅴ）抜本的な事業再生等が必要な企業に対して、問題を先送りすることなく、DDS・債権放棄等の金融支援を含む、真に実効性のある抜本的な事業再生支援（他の金融機関が主導する事業再生支援への積極的な協力を含む）を行っているか。
（ⅵ）保証債務の整理に当たって、経営者等からの相談にはその実情に応じてきめ細かく対応し、必要に応じて外部機関や外部専門家とも連携しつつ、経営者保証に関するガイドラインの積極的な活用に努めているか」

●**地域金融機関に求められるポイント**
　このように地域金融機関には、様々な事業性評価の視点が求められています。そのポイントは次の7つになります。
　①地域金融機関は、必要に応じ外部機関や外部専門家を活用しつつ、様々なライフステージにある企業の事業の内容や成長可能性などを適切に評価します。
　②地域金融機関は、地域毎の経済や産業（主要な産業セクターを含む）の現状・中長期的な見通しや課題を具体的に把握・分析をし、その分析結果を、企業の成長可能性や持続可能性の評価に役立てます。
　③地域金融機関は、取引先企業の財務内容や返済履歴等といった過去の実績に必要以上に依存することなく、その成長可能性や持続可能性を含む事業価値を見極めます。
　④地域金融機関は、中長期的な視点に立って取引先企業の持続可能性や成長可能性を適切に評価・分析します。
　⑤地域金融機関は、創業・成長を積極的に支援するため、産学官金の

連携による創業支援、政策金融機関やファンド等と連携した資金供給を行います。

⑥地域金融機関は、担保・保証に必要以上に依存しない事業性評価に基づく融資（経営者保証に関するガイドラインの活用を含む）を促進します。

⑦地域金融機関は、取引先企業の財務面だけでなく、売上げ増加や事業承継等の様々な経営課題についても適切なコンサルティング機能を発揮します。

3．金融モニタリングレポートの内容

●地域銀行に対する事業性評価ヒアリング

金融庁は、基本方針に基づいた金融モニタリングの成果を、「金融モニタリングレポート（平成27年7月）」として発表しています。そのレポートのなかで、金融庁は地域銀行に対し、取引先の事業性評価において企業の事業内容や成長可能性などの適切な評価（事業性評価）を踏まえた解決策の検討・提案、実行支援をどのように行っているかを議論し、特に、地域金融の中核的な担い手となっている地域銀行については、地域経済の活性化に向けた取組みを主導する役割をどのように発揮しているかについて、議論したとしています。

それは、地域銀行に対する事業性評価ヒアリングという形で行われ、地域銀行ごとにその地域の典型的なメイン企業であり、銀行にとっても大口融資先となる企業を中心に複数選び、その企業の経営改善に何が必要か、それらを実現するための課題は何かといった議論（ケース・スタディ）を行ったとしています。またそれに加えて、事業性評価に組織的・継続的に取り組んでいくための態勢整備の状況などについての実態把握を行ったとしています。

その結果は、個別企業に対する再生支援に重点を置いている地域銀行

が多く見られたものの、再生支援のみならず、様々なライフステージにある企業の事業内容や成長可能性などを適切に評価する体制整備については、道半ばであるというものでした。そして地域経済の中核企業に対する関係構築の強化や、適時のソリューション提供に課題を有している企業は多く、さらに、個別企業にとどまらず産業界や地域の企業群に対し、面的に取り組み、成果を上げている先は少ないという状況でした。

　このことから、地域銀行における事業性評価融資の進捗状況は芳しくないとの判断で、今後はもっと実のある事業性評価融資推進の動きが加速すると思われます。

●プロセス評価と取引先の定性面を重視

　一方で、事業性評価に組織的・継続的に取り組んでいくための態勢整備の状況についての好事例として、「数値目標の達成度ではなく営業の実行プロセスに主眼を置いた支店業績評価の仕組みを構築した事例」「取引先の事業性評価の必要性を営業現場が認識し、そのための事業性評価手法を自ら開発した事例」「ITを活用した情報の蓄積・共有化と活用への弛まぬ努力を継続している事例」があげられています。

　事業性評価への取組みには、経営陣の強力なコミットメント、一貫性のある実行施策の立案と管理態勢の構築、営業現場への浸透が不可欠であり、そのポイントはプロセス評価（支店の担当者が顧客の事業を理解し、顧客の課題を見つけて適切な解決策を提案しているか）と取引先の定性面を重視した評価であると考えられます。

　果たして事業性評価の取組みは、あなたの支店にしっかりと浸透しているといえるでしょうか。

4．「平成27事務年度　金融行政方針」の内容

　平成27年9月、金融庁は金融行政が何を目指すかを明確とするため、

第3章　支店で取り組む事業性評価に基づく融資

「平成27事務年度　金融行政方針」を発表しました。そのなかでも「事業性評価及びそれに基づく解決策の提案・実行支援」を具体的重点施策としています。そこから導き出される事業性評価の流れは、まず「地域ごとの経済・産業の現状と中長期的な見通しや課題等の把握・分析」を行い、それを「取引先企業の成長可能性・持続可能性の評価」に役立て、「取引先企業の事業の内容、強み・弱み、業界の状況を把握」したうえで、「コンサルティング機能の発揮」をするというものです。

そして、具体的なコンサルティング機能の内容として、次のものを例示しています。

・取引先企業との深度ある対話を行うための関係構築（定期的な訪問、短期継続融資のモニタリング等）
・取引先企業に対する、財務面だけでなく、売上げ増加や事業承継等の様々な経営課題の解決に資する融資やコンサルティングのタイムリーな提供と外部専門家・外部機関の活用・連携
・DDS・債権放棄等の金融支援等、真に実効性のある抜本的な事業再生支援
・取引先企業の支援を行うための関係者との有効な連携（「地域企業応援パッケージ」（「まち・ひと・しごと創生総合戦略」に基づき、産業・金融一体となった総合支援体制の整備のために策定された施策パッケージ）の活用、地域の創業支援事業等に係る産学官金の連携、政府系金融機関やファンド等との連携等）

そしてこれらに加えて、

・経営者保証に関するガイドラインの積極的な活用（融資、既存保証の見直し及び保証債務の整理の場面）
・組織全体として取り組むための態勢整備（職員の能力向上、専門人材の育成・確保、実績評価・人事評価における明確な位置付け等）
・引き続き、貸付条件変更等の適切な対応と条件変更先の経営実態把握

と経営支援
・地域経済活性化支援機構の積極的活用（専門家の派遣、企業に対する直接の再生支援、事業再生・地域活性化ファンドへの出資・運営、経営者保証付債権等の買取等）
・「日本人材機構」（REVIC子会社）や「プロフェッショナル人材戦略拠点」（「まち・ひと・しごと創生総合戦略」に基づき整備）

などの活用を求めています。

5．「平成28事務年度　金融行政方針」の内容

　「平成28事務年度　金融行政方針」において、金融庁は「金融仲介機能の発揮」を求めています。そして「共通価値の創造」（金融機関が顧客本意の良質な金融サービスを提供し、企業の生産性向上などを助け、結果として、金融機関自身も安定した顧客基盤と収益を確保するという好循環のこと）を目指したビジネスモデルの転換を促しています。

　金融庁による金融機関・企業ヒアリングでは、金融機関は「融資可能な貸出先が少なく、銀行間の金利競争が激しい」といっていますが、企業は「銀行は担保・保証がないと貸してくれない」といっており、融資に関して、双方の認識に大きな相違が存在していることが明らかになっています。そのことから、十分な担保・保証のある先や高い信用力のある先以外に対する金融機関の取組みが十分でないため、企業価値の向上等が実現できていない状況（これを「日本型金融排除」と名づけている）が生じていないかの実態把握を今事務年度で行うとしています。具体的には、次の点に着目してヒアリングを行います。

・与信判断における審査基準・プロセス、担保・保証への依存の程度（事業性評価の結果に基づく融資ができているか）
・貸付条件変更先等の抜本的事業再生等を必要とする先に対する、コン

サルティングや事業再生支援等による顧客の価値向上に向けた取組み
・公的金融機関の融資・連携状況の実態把握（民間金融機関の融資と補完的・連携的か）

そして「金融仲介機能のベンチマーク」という客観的な指標を活用して、金融仲介の質の向上に向けて金融機関の経営陣と深度ある対話を実施し、自金融機関の取組みをディスクロージャーなどで積極的に開示するように促し、優れた取組みを当局が公表・表彰することで、良質な金融サービスの提供に向けた金融機関間の競争を促すとしています。
　このように、金融仲介機能のベンチマーク、事業性評価融資への取組みなどを通して、顧客に選ばれる金融機関を目指す、すなわち顧客に選ばれる支店を作ることが支店の使命となるのです。

6．当局によるヒアリングの内容

　事業性評価融資に関しては、今後も継続して金融庁による金融機関に対するヒアリングが行われます。金融モニタリングレポートおよび金融行政方針の内容からすると、今後の事業性評価融資におけるヒアリングの内容については、次のようなものが想定されます。

・営業地域における経済・主要産業の現状や中長期的な見通しや課題をどのように分析し、その結果を取引先企業の成長可能性や持続可能性の評価にどう役立てているか
・取引先企業について、財務内容等の過去の実績や担保・保証に必要以上に依存することなく、事業の内容、強み・弱みおよびその業界の状況等を踏まえた融資やコンサルティング機能の発揮にあたり、具体的にどのように取り組んでいるか
・事業性評価およびそれに基づく融資・本業支援について、行職員の能

力向上、専門人材の育成・確保、実績評価・人事評価における明確な位置付け、組織全体として取り組むための態勢整備を行っているか

それに加えて、今後は金融仲介機能のベンチマークについてのヒアリングが行われます。ベンチマークについては、第4章で解説していますが、当局は、各金融機関における取組みの進捗状況や課題等について、他の金融機関との比較を含め、できる限り具体的に把握し、それに基づき、各金融機関が金融仲介の質を高めていけるような、効果的な対話を行っていきたいとしています。その対話は本部と行うものですが、ベンチマークを主にやっていくのは営業店ですから、その前提として営業店をヒアリングすることになります。ポイントは次のとおりです。

・営業店の末端までベンチマークが理解されているか
・どのベンチマークを選択したか
・ベンチマークの本来の趣旨を理解しているか
・本部からどのような指示がなされているか
・支店長としてベンチマークに関してどのように行職員の評価をしているか

もし、支店長の皆さんが金融庁検査を受検することになったら、これらのヒアリングを受けることが想定されるので、対応するための回答を用意しておくのも、一つのマネジメントです。

7．事業性評価融資を現場に落とすには

●事業性評価融資のフロー
ではここで、支店における事業性評価融資のフローを考えてみます。事業性評価に基づく融資は、まず産業全体の状況の調査を経て取引先企

第3章 支店で取り組む事業性評価に基づく融資

業の地域経済における地位を把握することから始まります。次に取引先企業のビジネスモデルの把握を行った後で、SWOT分析により取引先企業を取り巻く外部環境・内部環境を分析し、ライフステージに合わせた事業の内容・成長可能性を評価していきます。

そのフローは次のようなものです。

産業全体の状況調査

⇩

取引先企業の地域経済における地位の把握

⇩

取引先企業のビジネスモデルの把握

⇩

取引先企業の外部環境における機会・脅威を分析

⇩

取引先企業の内部環境における強み・弱みを分析

⇩

ライフステージに合わせた事業の内容・成長可能性の評価

⇩

事業性評価を稟議書に記載

⇩

事業性評価に基づく融資の実行

●取引先企業の状況と地域経済における地位の把握

支店で取引先企業の産業全体の状況を把握するには、業種別審査事典などで業種の特徴を理解したうえで、インターネットの検索により業界動向をつかむのが一番簡単な方法です。

次に地域経済における地位を把握するには、商工会議所名簿、法人会名簿、商店街名簿、業界名簿、ロータリークラブ・ライオンズクラブの名簿などから同業種を抽出し、信用情報機関の評点を比較したり、

TKCの経営指標であるBASTなどで比較して判断します。

●取引先企業のビジネスモデルの把握

事業性評価融資を支店で行う第一歩は、取引先企業のビジネスモデルの把握です。

支店の若い担当者に「この取引先は何をやっているの？」と質問すると、「建設業です」「製造業です」といった答えが返ってきます。そこで「どこから何をいくらで仕入れて、どんなふうに加工・付加価値をつけて、どこにいくらで販売しているの？」と重ねて聞くと、なかなか的確な答えは返ってきません。つまり若い担当者は、取引先の事業実態がよく分からないまま訪問しているのです。そこで、取引先のビジネスモデルはどういうものなのかを、フリーハンドで描かせてみましょう。取引先の実態がビジュアル的に頭に入り、その後の社長・従業員へのヒアリングや工場見学の見方は、ひと味違ったものになるでしょう。

＜ビジネスモデル俯瞰図＞

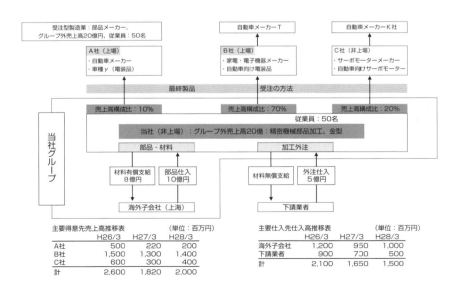

取引先企業のビジネスモデルは、自金融機関にある取引先概要表、決算書などの資料をもとに、ヒアリングを経て完成させます。そのポイントは、ビジネスの大きな流れを把握して、そこに決算書分析の内容を入れていくことです。一例として自動車部品製造業のビジネスモデル俯瞰図を掲載します。

8．SWOT分析とは

●企業の実態を把握し経営戦略を考えるツール

取引先の強み・弱み、取り巻く地域経済・産業における機会・脅威を把握し可視化するには、SWOT分析のツールを活用します。SWOTとは、Strength（強み）、Weakness（弱み）、Opportunity（機会）、Threat（脅威）の略で、企業の内部環境においての強みと弱み、外部環境においての機会と脅威を把握・整理し、それを組み合わせることで、企業の実態把握を行い、経営戦略を考えるためのツールです。

内部環境における Strength（強み）	外部環境における Opportunity（機会）
・自社の人・物・金・情報等が他社と比較して優れている点を記載する。	・マクロ（政治・経済・社会的環境など）とミクロ（業界・仕入先・販売先・競合・市場動向など）の自社にとって有利なマーケット
内部環境における Weakness（弱み）	外部環境における Threat（脅威）
・自社の人・物・金・情報等が他社と比較して劣っている点を記載する。	・マクロ（政治・経済・社会的環境など）とミクロ（業界・仕入先・販売先・競合・市場動向など）の自社にとって不利なマーケット

SWOT分析の手順としては、このフレームに考えつくいくつかの

SWOTを記載していきます。

　具体的には、内部環境では、経営マネジメント・組織・人材・営業・技術・商品などの定性面、財務・経営分析などの定量面についての他社と比較した強みと弱みを記載します。外部環境では、政治・経済社会的などのマクロ環境と業界・仕入先・販売先・競合・市場動向などのミクロ環境における機会（チャンス）と脅威（ピンチ）を記載します。これにより企業を取り巻くマーケットの見立てや、事業性を把握することができます。

　SWOT分析のポイントは、S（強み）では他社とはどんな違いがあるか、自社の強みを活用できているか、W（弱み）ではそれを克服することは可能か、何が障害となって弱いのか、O（機会）では自社の市場にはどんな追い風があるのか、自社の強みを使ってさらに業績を伸ばせないか、T（脅威）では自社の市場にはどんなアゲンストの風が吹いているのか、それにどのように対応できるかの視点で見ることです。

　そして、これを経営戦略に発展させていくなら、強みを利用し機会を活かす戦略、強みを脅威の克服に活かす戦略、機会に乗じて弱みを克服する戦略、弱みを最小化しながら脅威を回避する戦略を考えることで、企業の今後の展望、改善の可能性が見えてきます。

●SWOT分析の手法を活用し企業の見方を教える

　以上、支店における事業性評価融資のポイントは、ビジネスモデル俯瞰図とSWOT分析を作成し、それを融資稟議書に記載することになります。

　こうして、取引先企業を取り巻くマーケットの見立てや、事業の方向性を把握したうえで、取引先企業がとるべき戦略を一緒に検討し、実行に移すためのアドバイスを行ったことを融資稟議書に記載し、事業性評価に基づく融資に取り組むことになります。支店長は、ぜひとも若い担当者にフリーハンドでビジネスモデルを描かせ、SWOT分析の手法を

活用しながら、企業の見方を教えてあげてください。

9．事業の内容・成長可能性の評価

　ビジネスモデルを把握しSWOT分析で取引先を分析できたら、ライフステージに合わせた事業の内容・成長可能性を評価します。
　金融庁がいう企業のライフステージとは、時の経過とともに「創業・起業」「新興」「成長」「成熟」「成長鈍化」「衰退」の６つのステージです。そして金融機関は、様々なライフステージにおいて、次のような支援を行います。
・「創業・起業」「新興」においては、創業・成長に対する支援（専門人材・資金の確保）を行います。
・「成長」「成熟」においては、担保・保証に必要以上に依存しない事業性評価融資（成長のための資金調達）と生産性向上など経営課題に対する適切なコンサルティング機能の発揮を行います。
・「成長鈍化」においては、経営改善・生産性向上・体質強化・事業転換・M&A・会社分割等の支援を行います。
・「衰退」においては、過剰債務の解消や事業の再構築を伴う抜本的な事業再生に向けた支援と円滑な退出の支援（事業整理）を経営者保証ガイドラインの積極的な活用（保証債務の整理）で行います。

＜第３章のポイント＞
・事業性評価とは、財務データや担保・保証に必要以上に依存することなく、借り手企業の事業の内容や成長可能性などを適切に評価することである。
・支店では当局検査の際に事業性評価融資並びに金融仲介機能のベンチマークについてのヒアリングを受ける可能性がある。
・支店における事業性評価融資の手順は、ビジネスモデル俯瞰図の作成

⇒ SWOT 分析⇒ライフステージに合わせた事業の内容・成長可能性の評価の順で行うと分かりやすい。
・ビジネスモデル俯瞰図を若い渉外係に作成させると、取引先の実態がスッキリ頭に入るようになる。
・SWOT 分析は、企業の実態把握を行い経営戦略を考えるためのツールである。

コラム3●事業性評価融資稟議における業種別事例

ここでは、事業性評価に基づく融資の稟議書例を業種別に4例記載するので、支店での融資業務の参考にしてほしい。

〔ケース1　製造業〕
　製造業A社
　ガラスの製造・加工業

　証書貸付
　50,000 千円
　期間7年
　利率　2.875%　長期プライムレート連動
　資金使途　ガラス生産設備導入資金

■取引先企業の産業全体の状況の調査

・国内ガラス産業の出荷額は1990年をピークに減少しており、2014年は1990年比4割減の状況にある。その価格は下落傾向にあり、生産設備は低い稼働率で推移している。
・主要国内板ガラスメーカーはA硝子、B硝子、C硝子の3社であり、国内需要の停滞、低い設備稼働率、価格の低迷等により、いずれも低収益にあえいでいる。
・国内経済の成熟化、人口減少等により国内建築投資、新設住宅着工戸

数の停滞・減少が見込まれる。
・一方で、住宅・建築物における省エネルギー化などでガラスの高付加価値化による市場拡大が見込まれる。
（参考資料「板ガラス産業の市場構造に関する調査報告」経済産業省）
⇩

■地域経済における地位の把握

・当社の加工・製造する特殊ガラスは、大手企業製品が国内シェア100％の状況である。
・また特殊なガラスの製造・加工につき、参入障壁は高く、他社の入る余地はない。
⇩

■取引先企業のビジネスモデルの把握

・当社のビジネスモデルは、ガラスを仕入れて加工し、住宅総合メーカーや地元の工務店等に販売する、極めて単純なものである。
・製造・加工のところに外国製の機械設備を配置し、技術力の高さにより安定した業績をあげている。

　　　　仕入　⇒　　A社（製造・加工）　⇒　　販売
〇〇ガラス他5社　　　　　　　　　　　　　〇〇ハウス他15社
⇩

■ SWOT分析

内部環境～自社のヒト・モノ・カネ・情報　外部環境～自社を取り巻くマーケット

Strength（強み）	Opportunity（機会）
・他社と比較して優れている点	・自社にとって有利なマーケット
□ガラスの加工技術が高い。	□消費税増税前の駆け込み需要

□特殊なガラス加工ができる。 □外国製の特殊な加工機械設備がある。 □今回の設備計画に伴って、詳細な事業計画を策定した。	が見込まれる。 □取引先に大手企業が多く安定したOEM生産が可能である。 □リフォーム市場の拡大が見込まれる。 □参入障壁が高い業種であり、競合が少ない。
Weakness（弱み） ・他社と比較して劣っている点 □回収不能売掛金があり、資金繰りが不安定である。 □会社の経理が弱く、どんぶり勘定である。	Threat（脅威） ・自社にとって不利なマーケット □新設住宅着工戸数が減少トレンドにある。 □工場が山間部に位置しており、車輌費等の経費が嵩む。

⇩

■取引先企業の外部環境における機会・脅威を分析

・大手企業からのOEM生産で受注は安定しているが利幅は少ない。
・新設住宅着工戸数は減少トレンドにあるものの、直近においては消費税増税前の駆け込み需要が見込まれる。
・住宅の長寿命化が進んでおり、リフォームでのガラス製品の交換需要が見込まれる。

⇩

■取引先企業の内部環境における強み・弱みを分析

・当社の特殊ガラス加工技術は高く、他社の参入を許していない。
・今回導入する外国製の機械設備導入に伴い、当行の支援のもと実現可能性の高い事業計画を策定し、どんぶり勘定からの脱却が可能となった。

⇩

■ライフステージに合わせた事業の内容・成長可能性を評価

・当社はそのライフステージにおいて「成長」「成熟」期を越え「成長鈍化」期にある。
・当社には経営改善と生産性向上など、経営課題に対する適切なコンサルティング機能の発揮が必要であり、再び「成長」するための事業性評価融資（再成長のための資金調達）により支援する必要性がある。
・ただし、本件は購入機械設備を動産担保で取り受ける。

⇩

■事業性評価を稟議書に記載

・本件資金使途は大手企業からの新規OEM生産の受注があり、その製造ライン設備のためのものである。
・今後の受注に関して新設住宅着工戸数は減少トレンドにあるものの、一方で住宅の長寿命化が進んでおり、リフォームでのガラス製品の交換需要に対応するものである。
・当社の特殊ガラス加工技術は高く、参入障壁が高い業界であるため他社の参入はなく、当面は独占的に受注を受けることになる。
・当社の最大の弱みは経営管理におけるどんぶり勘定である。しかし今回導入する機械設備ライン導入に伴い、当行の支援のもと実現可能性の高い事業計画が策定でき、今後モニタリングのなかでPDCAを回すことで、どんぶり勘定からの脱却が可能となったと思料する。
・当社はそのライフステージにおいて「成長」「成熟」期を越え「成長鈍化」期にある。当社には生産性向上など経営課題に対する適切なコンサルティング機能の発揮と再び「成長」するための事業性評価融資（再成長のための資金調達）が必要であり、購入機械設備を動産担保で取り受けるなどその商流を担保し、本件積極的に事業性を評価した融資に取り組みたい。

〔解説〕

　製造業は、原材料などを仕入れて加工することにより、製品を製造する業種である。主なものとしては、自動車部品製造・電子部品製造・金型製造・鋼材製造・繊維製品製造・食品製造・印刷業などがある。その規模は、町中の菓子製造業者から自動車・家電の大規模な製造業まで幅が広いのが特徴である。

　事業性評価融資を推進するにあたって製造業では、どんな製品をどういう工程で作っているかを、実際に工場に行って確認することが重要である。社長や経理担当者からの話を聴いて想像していたものと、実際に見たものが違うということがよくある。また工場へ行くと不稼働となっている機械、老朽化している機械などの設備状況やその製造工程から技術力、製造ラインの合理化など資金ニーズにつながる多くのことが発見できる。

　日本経済は、2020年の東京オリンピック開催に向けて経済の腰を折る訳にはいかず、本格的にアベノミクスも進んでいくと思われる。それにより製造業においては、まずは大企業の設備投資が促進され、やがて中小企業の受注が増えることが予想される。その受注増に伴い製造ラインの増設、既存ライン設備の更新、新工場建設、移転土地の購入、倉庫の拡張・自動化などの設備資金の需要が出てくるものと想定される。これらの資金ニーズは社内内部の情報となるので、企業に訪問しヒアリングや工場見学を定期的に行い、機械・設備のチェックをすることで資金需要をつかみ、事業性評価融資に結びつける。

　製造業では、メイン取引先や親会社からの要請によって設備投資するケースも考えられる。この場合、メイン取引先や親会社がどこで、そのルートが直系・系列・独立などどうなっているか、また業界動向がどうなっているかなどを把握・調査するが、それはまさしく事業性評価融資の前提となる取引先企業の産業全体の状況の調査と地域経済における地位の把握につながる。

〔ケース２　建設業〕
建設業Ｂ社
建築工事元請・下請、一般土木・舗装工事を行う地場型建設業者

手形貸付
80,000千円
６ヵ月後期日一括
利率　1.875％
資金使途　下請支払、資材購入資金

■取引先企業の産業全体の状況の調査

・わが国の建設投資は、平成４年のピーク時84兆円以降、減少傾向が続き、平成22年にはその半分の水準にまで落ち込んだ。
・その後、震災復興需要・アベノミクスにより増加に転じたものの、平成26年度から再び減少傾向に転じた。
・しかし、東京オリンピックまでは引き続き底堅い建設投資が見込まれると判断され、地域によりバラつきはあるものの、概ね堅調に推移するものと思われる。

⇩

■地域経済における地位の把握

・当地域には高速道路４車線化の公共工事が控えており、土木関係の仕事は順調に確保できるものと考えられる。
・当社は一般土木・舗装工事部門を備え、当地区での老舗であること、一定の技術水準の評価を得ていることから、地域経済においては、上位の地位に入る。

⇩

■取引先企業のビジネスモデルの把握

当社の売上高構成は、地元元請ゼネコンからの官公庁下請が50％、地元大手ゼネコンからの民間下請が20％、官公庁からの元請15％、地元建設業者に対する重機販売修理・除雪業務が15％となっている。
・当社には建築部門・土木部門・舗装工事部門の3部門があり、下請工事協力業者は5社、資材卸会社15社と取引がある。

地元元請ゼネコン（官公庁下請）50％⇒ 建築部門　土木部門　舗装工事 ⇒下請協力業者
地元大手ゼネコン（民間下請）　20％⇒ 　　　　　　　　　　　　　　⇒（5社）
官公庁からの直元請　　　　　　15％⇒ 　　　　　　　　　　　　　　←資材卸会社
地元建設業者への重機販売修理　15％⇒ 　　　　　　　　　　　　　　←（15社）
・除雪業務等
　　　　⇩

■ SWOT分析

内部環境～自社のヒト・モノ・カネ・情報　外部環境～自社を取り巻くマーケット

Strength（強み）	Opportunity（機会）
・他社と比較して優れている点	・自社にとって有利なマーケット
□当地区における業歴が長く一定の知名度がある。	□自民党政権による公共工事予算の増加。
□大手ゼネコンとのコネクションが強い。	□当地区において、大型公共工事の計画がある。
□社員教育が行き届いており、技術面の評価が高く、離職率が低い。	□自社設備の強みを活かし、兼業の強化が可能である。
□同業他社と比較し、重機の保有台数が多い。	□ライバル企業が取り組み始めた新分野（リフォーム・リノベーション）への展開が可能である。
□各部の人員配置が的確であり、部門ごとの機能が働いている。	

□他社と比較して閑散期（冬期）の売上高が安定している。	
Weakness（弱み） ・他社と比較して劣っている点 □従業員が高齢化しており、若手従業員の確保ができていない。	Threat（脅威） ・自社にとって不利なマーケット □基本的に衰退産業である。 □ライバル企業が多い。

⇩

■取引先企業の外部環境における機会・脅威を分析

・公共工事予算が増加し大手ゼネコンからの下請受注は安定しているが、利益の確保が難しい。
・当地区において大型公共工事の計画があり、今後も受注は見込まれる。

⇩

■取引先企業の内部環境における強み・弱みを分析

・業歴が長く大手ゼネコンとのコネクションが強く、引き続き売上高の安定は確保できる。
・当社従業員の技術レベルは高く他社と比べ優位性がある。若手従業員の確保が急務である。

⇩

■ライフステージに合わせた事業の内容・成長可能性を評価

・当社はそのライフステージにおいて「成熟」期である。
・今後の社会経済状況により「成長鈍化」期への移行が想定され、そこまでに辿り着く時間軸をいかに長く保つことができるかが、次なる新分野開発の準備期間確保と重なる。
・そのためには、現在ある仕事に対しては潤沢に資金調達支援を行い、余裕を持って資金繰りを回している間に、新分野展開のアドバイス

や若手の雇用確保などを進めることが必要である。

⇩

■事業性評価を稟議書に記載

・本件資金使途は、官公庁からの直元請仕事を受注し、それを一部下請に回すための資金および資材購入資金である。
・基本的には本件工事代金により返済となるもので回収には懸念ない。
・財務的には、土地勘定において時価評価を行うと簿価よりマイナス80百万円の実態修正が必要となるか、それを加味しても資産超過の状況にある。
・債務償還年数は10年以内の水準にあり、かつ短縮傾向にある。
・現状の手持工事は200百万円の工事契約があり、当面の資金繰りは問題がない。
・当社の課題は、現状の安定した経営状況にあるうちに次の成長のための種を蒔いて育てることであり、現在建築部門において民間のリフォーム・リノベーションへの進出を図るべく体制を整えつつある。
・そのためには、安定した潤沢な資金調達支援が必要であり、本件はそのような観点からも積極的に支援したい案件である。

〔解説〕

　建設業は建設土木工事を請負う業種で、その主なものには総合工事業、建設工事業、土木工事業、電気工事業などがある。この業種の特徴は複雑な請負形態があることで、例えば住宅建設では、工務店、躯体工事業者、電気工事業者、水道工事業者、空調工事業者、内装工事業者など様々な業者が関わり、それぞれの専門家に工事を発注して全体として工事を完成させるということになる。

　建設業は見込みで建物を建設したり、土木工事をすることはなく、必ず発注者がいるので受注産業といわれる。また、そのうち土木工事業は、公共工事の増減や景気動向に大きく左右される業種である。全体的に建設業は、バブル経済崩壊以降、市場規模は減少の一途を辿っており、近

年ではリーマンショック後の景気後退による民間工事の減少、個人住宅着工数の減少、競争による受注価格の低下に加え、公共工事の減少で衰退気味であったが、最近は震災復興需要、アベノミクスと2020年東京オリンピック需要により、一息ついた状況にある。

中小建設業においては、金融円滑化で条件変更をしている先も多く、新規の融資に消極的になりがちだったが、一方で工事の内容、支払条件などをしっかりと把握できれば、その工事資金回収を引当に新規融資をアプローチできる。

事業性評価融資を推進するにあたっては、新分野への展開をいかに考えているかを把握する必要がある。本件取引先は、新分野としてリフォーム・リノベーション分野への新展開を考えている。

住宅・土地統計調査（総務省）によれば、日本の空き家は平成5年に約448万戸だったものが平成25年には約820万戸まで増えている。その内訳は一戸建て約300万戸、長屋建て約45万戸、共同住宅約471万戸といわれ、リフォーム・リノベーション適応物件は、かなりあるものと思われ有望な分野である。

本件融資では、新分野（リフォーム・リノベーション）への展開を考えている取引先に対して、新分野が軌道に乗るまで潤沢な資金支援をすることで、その参入を促そうということが融資の背景にあるが、そうした視点で融資を考えることも、事業性評価融資の一形態といえるだろう。

〔ケース3　卸売業〕
　　卸売業C社
　　食品の卸売販売業

　　証書貸付
　　80,000千円
　　10年返済
　　利率　2.375%　長期プライムレート変動

資金使途　IT 設備導入

■取引先企業の産業全体の状況の調査

・食料品卸売業は生活必需品のため、大きく景気に左右される業種ではないといわれるものの、近年は卸売業を取り巻く構造変化（中小小売業の減少、大手小売店が価格決定権を握る、卸売業を経由しない商取引など）が顕著であり、衰退産業に位置づけられるようになった。
⇩

■地域経済における地位の把握

・当地域では、まだまだ卸売業の存在価値は一定程度認められる。
・当社は年商 50 億円の規模であり、地域においては大きな影響力を未だ有してはいるが、この状態がいつまでも続く保証はない。
⇩

■取引先企業のビジネスモデルの把握

・卸売業はその機能において営業機能、受注機能、物流機能、倉庫機能、決済機能を複合的に持ち合わせる。
・当社においてもサプライヤーと小売業者を結ぶ典型的な卸売業のビジネスモデルである。

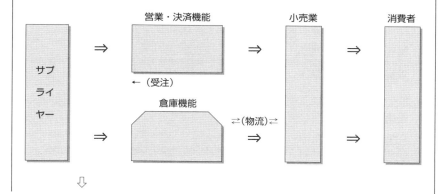

⇩

■ SWOT 分析

内部環境～自社のヒト・モノ・カネ・情報　外部環境～自社を取り巻くマーケット

Strength（強み） ・他社と比較して優れている点 □当地区の優良顧客を持っている。 □仕入先（サプライヤー）とのコネクションが強い。 □きめ細かい営業体制を構築している。	Opportunity（機会） ・自社にとって有利なマーケット □閉鎖的な地域であり、外部参入が少ない。 □無添加・無農薬食品の取扱い拡大。
Weakness（弱み） ・他社と比較して劣っている点 □典型的なご用聞き営業である。 □提案型営業ができていない。 □IT活用が遅れている。 □人材育成の部分が弱い。	Threat（脅威） ・自社にとって不利なマーケット □流通改革の波が当地域にも押し寄せている。 □収益性が低下傾向にある。

⇩

■取引先企業の外部環境における機会・脅威を分析

・当地域においては地理的制約から外部からの参入が少ないので、既存顧客をしっかり押さえれば発展の余地は十分ある。
・時代の流れにマッチした高収益である無添加・無農薬の商品の拡大が、収益性低下の特効薬になる可能性がある。

⇩

■取引先企業の内部環境における強み・弱みを分析

・昔からの優良顧客が多く、提案型営業ができるようになれば業績向上

の余地がある。
・IT活用ができる人材の育成が急務である。
　　　　⇩

■ライフステージに合わせた事業の内容・成長可能性を評価

・当社はそのライフステージにおいて「成長鈍化」期である。
・これを打破するには、業務プロセスの再設計が必要となる。
・例えば、営業機能においては小売店に対する販売促進のための売り場や店舗づくりの提案や商品企画の共同開発である。
・また受注機能・決済機能においては、ITを活用した受注業務の効率化などである。
　　　　⇩

■事業性評価を稟議書に記載

・当社の課題の一つは、SWOT分析にもあったように、受注機能・決済機能の面におけるIT化の遅れである。
・本件の資金使途はその遅れに対応するもので、本件設備導入により業務プロセスの改善が見込まれ、将来的にはコスト低減となることにより、競争力をつけることができる。
・設備投資における事業性評価の重要性は、その対投資効果をどう見るかである。
・本件は目先の改善効果のほか、将来において営業支援システム・情報共有システムとのコラボレーションにおける効率化を視野に入れたIT設備投資であり、当社の業務プロセスの再設計には必要不可欠な投資であり、積極的に支援したい案件である。

〔解説〕
　卸売業は、商品の流通の過程で製造と小売をつなぐ経済活動を行う業種である。身近なところでは本件の食料品卸のほか、繊維品卸、雑貨類

卸、酒類卸、建材卸、機械器具卸など数多くの業態がある。

　卸売業は、集荷分散機能（生産と消費の間に卸売業が介在することによって、場所・時間の距離を埋める機能）、流通コスト削減機能（小売業者が多数のメーカーから直接仕入れるよりも、間に卸売業が介在することによって取引回数が減り、その結果流通コストが削減されるという機能）、需給調整機能（卸売業が介在することによって生産と消費のギャップを調整する機能）の主に３つの機能があるのが特徴である。

　全般的に卸売業は小売側によるメーカー直接取引、大手小売店の価格決定権把握、コンビニなどチェーン店展開による一般小売店の減少、長期にわたるデフレによる販売価格の低価格化など業界全体に逆風が吹いており、衰退産業ともいえる。しかしこの３つの機能は、経済社会の潤滑にはまだまだ必要なものであり、事業性評価融資の切り口はここにあるといえる。

　ここで卸売業の資金需要を考えてみる。卸売業は、生産と消費の仲立ちをするが、製造業と同じように、受注仕入形態と見込仕入形態に分かれる。どちらにおいても、まず通常の仕入資金が発生する。こうした資金需要の発掘においては、企業のビジネスモデルを良く知ることが大切である。

　卸売業のビジネスの流れを見ると分かるが、商品を仕入れてから販売して代金回収するまで、通常の運転資金需要が発生する。卸売業者では、販売代金の回収までの立替資金、つなぎ資金が資金需要の中心となる。また販売先までの物流において、運送を外注する場合には、その運賃の支払資金需要が発生する。そのほかに、販売先の変更による販売代金の回収期間が長期化するケースでは、そのための運転資金需要が発生する。

　最後に卸売業に欠かせないのは倉庫である。したがって、業容を拡大する場合には新規の倉庫建設資金が必要となる。今後景気の回復に伴って、倉庫の拡張、自動化、物流システム構築のためのIT投資資金の需要が発生する可能性がある。今後の業容の拡大に対応して、現在の倉庫がどれくらいの余裕があるかをチェックして、そこから新たな設備資金

需要を見つけ出すこともできる。

〔ケース4　医療業〕
　　医療法人D社
　　眼科医院

　　証書貸付
　　20,000千円
　　期間5年
　　利率　1.3%　固定
　　資金使途　土地購入資金

■取引先企業の産業全体の状況の調査

・眼科医院は病院全体が減少傾向にあるなか、比較的変動が少ない。
・その要因は、眼科は白内障など高齢になって患うものが多いなど高齢化社会において需要があること、眼科医自体が相当高齢になるまで診療ができることによるものと推測される。
・また花粉症等アレルギー疾患に対する需要もあり、眼科医業界は今後も安定的な推移をしていくものと考えられる。

　　　　⇩

■地域経済における地位の把握

・当医院は地域において20年目を迎え、直近決算において医業収入（売上高）250百万円、当期利益20百万円、減価償却20百万円計上するなど、キャッシュフローは潤沢である。
・毎期安定した業績を上げており、当地区同医業者のなかではトップクラスの成績である。

　　　　⇩

■取引先企業のビジネスモデルの把握

・当社のビジネスモデルは一番的な眼科医院と大きな違いはない。
・一般顧客に診療を行い、診療報酬と保険料の収入を得る標準的なビジネスモデルである。

```
        一般顧客              国民健康保険・社会保険
  ↑(診療)  ↓(診療報酬)            ↓(保険料)
─────────────────────────────────  C眼科医院
                    ↑
        (○○製薬、○○薬品、○○コンタクトレンズ)
```

⇩

■ SWOT分析

内部環境～自社のヒト・モノ・カネ・情報　外部環境～自社を取り巻くマーケット

Strength（強み）	Opportunity（機会）
・他社と比較して優れている点 □当地区内において知名度が高い。 □先進医療認定医療機関に認定されている。 □医院の立地条件が良好である。 □入院設備のほか、アフターフォロー・サービスが充実している。	・自社にとって有利なマーケット □医院近隣で再開発が予定されている。 □高齢化社会の進展により、診療の増加が見込まれる。 □花粉症等新たな眼科診療者が増加している。
Weakness（弱み）	Threat（脅威）
・他社と比較して劣っている点 □医師が1人体制であり、回転率に限界がある。	・自社にとって不利なマーケット □地域の眼科診療法人が4法人のみであり、新規の参入障壁が低い。

⇩

■取引先企業の外部環境における機会・脅威を分析

・当医院は立地条件がよく、さらに今後の再開発指定地域にあり、高齢化社会の進展とともに今後も安定した患者需要が見込まれる。
・一方で、当地域の眼科医院は少なく、新規参入の余地が十分残されている。

⇩

■取引先企業の内部環境における強み・弱みを分析

・当医院は、当地区での眼科としてのブランド力が高く、技術も設備も人間性においても優れた評価を得ている。
・一方で、先生個人の力量に依存している状態であり、現状では診療を代替する医師や後継者がいないのが、大きな問題となっている。

⇩

■ライフステージに合わせた事業の内容・成長可能性を評価

・当社は、そのライフステージにおいて「成長」期に位置する。
・現状は先生の力量および医師としてのビジネスセンスに依存しながら着実な成長を遂げている。
・今後さらに発展していくためには、後継者を確保したうえで眼鏡・コンタクトレンズ店と提携して集客を図るなど、眼科関連業務への連携や進出が効果的ではないかと考える。

⇩

■事業性評価を稟議書に記載

・本件資金使途は、かねてより懸案事項だった駐車場用地の確保を目的とした土地購入資金である。
・本件投資は、さらなる事業発展に寄与することは確実である。

第３章　支店で取り組む事業性評価に基づく融資

・また無担保での融資取組みの希望であるが、返済キャッシュフローも問題なく、現状の事業性評価では問題ないものと判断される。
・当医院の唯一のリスクは、後継者がいないため先生に何か不慮の事故等があった場合に、すぐさま立ち行かなくなることである。
・したがって、今後他の医院との連携など目に見えない部分についての相談を充実させることにより、取引の深耕を図っていく必要がある。

〔解説〕

　本件事例は眼科医院であるが、一般的に病院経営は、国の医療施策と健康保険制度の影響を大きく受ける。したがって、融資推進者は国の施策、医療行政に高くアンテナを張る必要がある。病院には新規の開業だけでなく、最新の医療設備や病床の増設・リニューアル、職員の居住施設、本件のような駐車場確保のための土地購入など設備投資の機会が多いので、先生（医師）だけでなく病院の事務長などから投資情報を上手に引き出し、融資案件につなげることが融資開拓のポイントとなる。

　医療業界は高齢化の進展、慢性型疾患の増加、医療の高度化などにより、拡大の一途を辿ることが想定される。一方で産婦人科などの特定診療科目での医師不足、地域や病院間の医師や看護師の偏在などの大きな問題も抱えており、閉院や病院経営失敗による倒産が増えつつある。

　先に述べたように、病院経営は国の医療施策と健康保険制度の影響を大きく受けるので、医療行政を上手に取り込んだ経営（医療収入を増やすための施策と効率化をどのように行っているか）が求められる。よって病院であれば大丈夫という考え方は危険であり、業界動向とターゲットの病院をよく調査して、事業性評価の視点を取り入れた融資判断が今後は重要となる。

※「コラム３●事業性評価融資稟議における業種別事例」は近代セールス社通信教育講座テキスト「事業性評価融資に対応！　説得力ある稟議書の書き方講座」より筆者の執筆部分を一部抜粋している。

第4章　金融仲介機能のベンチマーク

　金融庁は平成28年9月、「金融仲介機能のベンチマーク」（以下「ベンチマーク」という）を発表しました。このベンチマークは、支店の融資マネジメントに大きな影響を与えるものです。支店では、金融機関のあるべき姿ともいえる共通ベンチマークと各金融機関が選択する選択ベンチマークの項目に、しっかりと取り組むことが求められます。

　そして、支店がベンチマークに基づき顧客目線での行動をとることで、ベンチマークの項目を頑張れば頑張るほど顧客の業績や顧客満足度が高まり、勤務する金融機関の業績が良くなるというのが、ベンチマークの趣旨なのです。

1．金融仲介機能のベンチマーク策定の背景

　金融庁は、企業のヒアリングをした結果、金融機関の融資は相変わらず担保・保証に依存しているという声を多く耳にしました。そして多くの企業が金融機関に対して求めるものとして、「融資の金利条件が良い」以上に「長年の付合いによる信頼関係」や「自社や自社の事業への理解」を求めていることが判明しました。

　また一方で、金融庁は監督・検査を通して、企業から評価される金融機関は、取引先企業のニーズ・課題の把握や経営改善等の支援を組織的・継続的に実施することにより、自身の経営の安定につなげていることを確認しました。

　金融機関が、金融仲介の質を一層高めていくためには、自身の取組みの進捗状況や課題等について客観的に自己評価することが重要なので、金融庁は金融機関における金融仲介機能の発揮状況を客観的に評価できる多様な指標として「金融仲介機能のベンチマーク」を策定、公表しま

した。

2．支店における共通ベンチマークの活動

　ベンチマークには、すべての金融機関が金融仲介の取組み状況や課題等を客観的に評価する「共通ベンチマーク」（3項目5ベンチマーク）と、各金融機関が自身の事業戦略やビジネスモデル等を踏まえて選択できる「選択ベンチマーク」（14項目50ベンチマーク）があります。
　まずは共通ベンチマークを見てみましょう。

＜共通ベンチマーク＞

項目	共通ベンチマーク
（1）取引先企業の経営改善や成長力の強化	1．金融機関がメインバンク（融資残高1位）として取引を行っている企業のうち、経営指標（売上・営業利益率・労働生産性等）の改善や就業者数の増加が見られた先数（先数はグループベース。以下断りがなければ同じ）、及び、同先に対する融資額の推移
（2）取引先企業の抜本的事業再生等による生産性の向上	2．金融機関が貸付条件の変更を行っている中小企業の経営改善計画の進捗状況
	3．金融機関が関与した創業、第二創業の件数
	4．ライフステージ別の与信先数、及び、融資額（先数単体ベース）
（3）担保・保証依存の融資姿勢からの転換	5．金融機関が事業性評価に基づく融資を行っている与信先数及び融資額、及び、全与信先数及び融資額に占める割合（先数単体ベース）

●顧客目線で判断し前向きに捉える
　一番最初の項目が、取引先企業の経営改善や成長力の強化です。ベン

チマークでは、メインバンク（事業年度末における与信先企業《グループ含む》への融資残高《政府系金融機関の制度融資は除く》が1位の先）として取引を行っている企業を、いかに経営改善させたかという指標です。

　改善する経営指標として、売上・営業利益率・労働生産性、就業者数の増加があがっていますが、支店としてはそのすべてにこだわる必要はありません。このベンチマークはあくまでも自主評価ですから、例えば売上だけがアップした場合でも、支店では前向きに捉えて、経営改善が図られたと判断してもよいのです。

　このように支店では、顧客目線で判断することと、一つでも改善できたらよしとするといった前向きに捉える発想が重要となります。

●取引先のライフステージを意識し売上高を増強させる

　次の項目は、取引先企業の抜本的事業再生等による生産性の向上です。ベンチマークとして3つあります。

　1つ目は、金融機関が貸付条件の変更を行っている中小企業の経営改善計画の進捗状況です。

　金融円滑化法以来、条件変更を継続していて経営改善が進まない企業が多いのは、支店の誰もが実感していると思います。金融円滑化の精神は永遠といわれていますが、いつかはその出口を意識しなければなりません。このベンチマークでは、経営改善計画の進捗状況（例えば、売上高、営業利益、経常利益、当期利益など）の一部でも計画達成（好調は120％超、順調は80〜120％）できれば、支店を評価する建付けになっています。また経営改善計画のない企業は、不調（計画の80％未満の達成）に含めるとしていますから、支店では、引続き経営改善計画をお客様と一緒に策定する活動を継続したいものです。

　2つ目は、金融機関が関与した創業、第二創業の件数です。

　ここでいう創業への関与とは、創業計画の策定支援、創業期の取引先

への融資（プロパー・信用保証付き）、政府系金融機関や創業支援機関の紹介、ベンチャー企業への助成金・融資・投資をいいます。また第二創業とは、すでに事業を営んでいる企業の後継者等が新規事業を開始すること、既存の事業を譲渡（承継）した経営者等が新規事業を開始すること、抜本的な事業再生によって企業が業種を変えて再建することをいいます。やはり創業・第二創業支援は金融機関の支援の柱であるとともに、地域活性化には欠かせないため、支店では積極的に関わり合いたいものです。

3つ目は、ライフステージ別の与信先数および融資額です。

前章で金融庁がいう企業のライフステージとは、時の経過とともに「創業・起業」「新興」「成長」「成熟」「成長鈍化」「衰退」の6つのステージと述べましたが、ベンチマークでいうライフステージは、「創業期」「成長期」「安定期」「低迷期」「再生期」の5つのステージに分かれます。その定義は、創業期とは創業・第二創業から5年まで、成長期とは売上高平均で直近2期が過去5期の120％超、安定期とは売上高平均で直近2期が過去5期の120〜80％、低迷期とは売上高平均で直近2期が過去5期の80％未満、再生期とは貸付条件の変更または延滞のある期間です。

支店ではこれからの企業支援において、取引先のライフステージを意識することと、一番企業支援に力を入れる項目が売上高の増強であることがポイントとなります。

●事業者や事業そのものを見て融資する

共通ベンチマークの最後の項目は、担保・保証依存の融資姿勢からの転換です。金融機関が事業性評価に基づく融資を行っている与信先数および融資額、および、全与信先数および融資額に占める割合をベンチマークとします。ここで注目されるのが、やはり事業性評価です。その定義は各金融機関が自由に行うことになっており、メガバンク、地方銀行、

信用金庫、信用組合など各業態によって大きく異なります。

　例えば、中小の信金・信組であれば、本来金融庁が定義する事業性融資で計測するのは適当でないかもしれません。中小の信金・信組は地域に超密着しており、事業者の財務データのみならず、日常的に事業者や事業そのものを見て融資をしています。いわば担保・保証があったとしても、融資額をフルカバーしているものは少ないのが実態のため、明らかに担保主義の融資を除いた融資、すなわちプロパーかつ未保全融資のある先に対しては、すべて事業性融資と割り切ることさえ可能です。

　しかし支店では、顧客と顧客目線で会話・対話し、「この会社はこういう事業をしていて、ここが評価できるがここが足りない、しかしうちはこの点を評価して融資をします」といった事業者や事業そのものを見て融資するという姿勢で積極的に取り組むことで、顧客の要望に応えていくことになるでしょう。

3．支店における選択ベンチマークの活動

　選択ベンチマークは、共通ベンチマークを計測するための手段である項目が細かくあげられています。大項目が全部で14ありますが、これは当局が金融機関に求めたい必須の項目といえます。そして、それを計測するための選択ベンチマークが50あります。ここでは、支店に関係のある部分に絞って解説します。

＜選択ベンチマーク＞

項目	選択ベンチマーク
（1）地域へのコミットメント・地域企業とのリレーション	1．全取引先数と地域の取引先数の推移、及び、地域の企業数との比較（先数単体ベース）
	2．メイン取引（融資残高1位）先数の推移、及び、全取引先数に占める割合（先数単体ベース）
	3．法人担当者1人当たりの取引先数
	4．取引先への平均接触頻度、面談時間

（2）事業性評価に基づく融資等、担保・保証に過度に依存しない融資	5.	事業性評価の結果やローカルベンチマークを提示して対話を行っている取引先数、及び、左記のうち、労働生産性向上のための対話を行っている取引先数
	6.	事業性評価に基づく融資を行っている与信先の融資金利と全融資金利との差
	7.	地元の中小企業与信先のうち、無担保与信先数、及び、無担保融資額の割合（先数単体ベース）
	8.	地元の中小企業与信先のうち、根抵当権を設定していない与信先の割合（先数単体ベース）
	9.	地元の中小企業与信先のうち、無保証のメイン取引先の割合（先数単体ベース）
	10.	中小企業向け融資のうち、信用保証協会保証付き融資額の割合、及び、100%保証付き融資額の割合
	11.	経営者保証に関するガイドラインの活用先数、及び、全与信先数に占める割合（先数単体ベース）
（3）本業（企業価値の向上）支援・企業のライフステージに応じたソリューションの提供	12.	本業（企業価値の向上）支援先数、及び、全取引先数に占める割合
	13.	本業支援先のうち、経営改善が見られた先数
	14.	ソリューション提案先数及び融資額、及び、全取引先数及び融資額に占める割合
	15.	メイン取引先のうち、経営改善提案を行っている先の割合
	16.	創業支援先数（支援内容別）
	17.	地元への企業誘致支援件数
	18.	販路開拓支援を行った先数（地元・地元外・海外別）
	19.	M&A支援先数
	20.	ファンド（創業・事業再生・地域活性化等）の活用件数
	21.	事業承継支援先数
	22.	転廃業支援先数
	23.	事業再生支援先における実抜計画策定先数、及び、同計画策定先のうち、未達成先の割合
	24.	事業再生支援先におけるDES・DDS・債権放棄を行った先数、及び、実施金額（債権放棄額にはサービサー等への債権譲渡における損失額を含む、以下同じ）
	25.	破綻懸念先の平均滞留年数
	26.	事業清算に伴う債権放棄先数、及び、債権放棄額
	27.	リスク管理債権額（地域別）

（4）経営人材支援	28.	中小企業に対する経営人材・経営サポート人材・専門人材の紹介数（人数ベース）
	29.	28の支援先に占める経営改善先の割合
（5）迅速なサービスの提供等顧客ニーズに基づいたサービスの提供	30.	金融機関の本業支援等の評価に関する顧客へのアンケートに対する有効回答数
	31.	融資申込みから実行までの平均日数（債務者区分別、資金使途別）
	32.	全与信先に占める金融商品の販売を行っている先の割合、及び、行っていない先の割合（先数単体ベース）
	33.	運転資金に占める短期融資の割合
（6）業務推進体制	34.	中小企業向け融資や本業支援を主に担当している支店従業員数、及び、全支店従業員数に占める割合
	35.	中小企業向け融資や本業支援を主に担当している本部従業員数、及び、全本部従業員数に占める割合
（7）支店の業績評価	36.	取引先の本業支援に関連する評価について、支店の業績評価に占める割合
（8）個人の業績評価	37.	取引先の本業支援に関連する評価について、個人の業績評価に占める割合
	38.	取引先の本業支援に基づき行われる個人表彰者数、及び、全個人表彰者数に占める割合
（9）人材育成	39.	取引先の本業支援に関連する研修等の実施数、研修等への参加者数、資格取得者数
（10）外部専門家の活用	40.	外部専門家を活用して本業支援を行った取引先数
	41.	取引先の本業支援に関連する外部人材の登用数、及び、出向者受入れ数（経営陣も含めた役職別）
（11）他の金融機関及び中小企業支援策との連携	42.	地域経済活性化支援機構（REVIC）、中小企業再生支援協議会の活用先数
	43.	取引先の本業支援に関連する中小企業支援策の活用を支援した先数
	44.	取引先の本業支援に関連する他の金融機関、政府系金融機関との提携・連携先数
（12）収益管理態勢	45.	事業性評価に基づく融資・本業支援に関する収益の実績、及び、中期的な見込み
（13）事業戦略における位置づけ	46.	事業計画に記載されている取引先の本業支援に関連する施策の内容
	47.	地元への融資に係る信用リスク量と全体の信用リスク量との比較

（14）ガバナンスの発揮	48.	取引先の本業支援に関連する施策の達成状況や取組みの改善に関する取締役会における検討頻度
	49.	取引先の本業支援に関連する施策の達成状況や取組みの改善に関する社外役員への説明頻度
	50.	経営陣における企画業務と法人営業業務の経験年数（総和の比較）

●1人当たりの取引先数を増やす

　項目（1）地域へのコミットメント・地域企業とのリレーションの選択ベンチマーク3.に法人担当者1人当たりの取引先数があります。法人担当者は個人事業主を含め一先でも担当していれば、カウントすることになっていますから、支店の渉外担当者のほとんどが該当するものと思います。したがって支店では、法人担当者1人当たりの法人および個人事業主の取引先数を増やすという活動が望まれます。

　また、4.取引先への平均接触頻度、面談時間という選択ベンチマークがあることから、渉外担当者は社長と今よりも数多く面談し、コミュニケーションをとり、売上が向上するような実のある話や事業支援をどんどんしなさいということになります。

●ローカルベンチマークを活用する

　項目（2）事業性評価に基づく融資等、担保・保証に過度に依存しない融資の選択ベンチマーク5.に、事業性評価の結果やローカルベンチマークを提示して対話を行っている取引先数、および、これらのうち、労働生産性向上のための対話を行っている取引先数があります。ここでは、営業店ではあまり聞き慣れないローカルベンチマークの解説をします。

　ローカルベンチマークとは、ローカルアベノミクスを推進する施策として、経済産業省が発表した中小企業団体、地域金融機関等による地域企業に対する経営支援等の参考となる評価指標・評価手法です。企業の経営状態の把握を行うツールとして、企業の経営者等や金融機関・支援

機関等が、企業の状態を把握し、双方が同じ目線で対話を行うための基本的な枠組みで、事業性評価の入口としての活用が期待されています。

具体的には、ローカルベンチマークツールを活用して、売上高増加率・営業利益率・労働生産性・EBITDA有利子負債倍率・営業運転資本回転期間・自己資本比率の6つの財務指標と、経営者への着目・関係者への着目・事業への着目・内部管理体制への着目の4つの非財務情報に関するデータを入力することにより、企業の経営状態を把握することで経営状態の変化に早めに気づき、早期の対話や支援につなげていくものです。地域金融機関の支店長および融資担当者は、このツールを利用して簡易に企業診断ができ、ベンチマークの求める企業との対話が可能となります。

また項目(2)では、無担保、根抵当権を設定していない、信用保証協会保証付きという言葉が並んでいますが、営業店ではリスクを取って融資をする姿勢が求められているといえます。

●取引先企業の売上を伸ばす支援を実施

項目(3)本業（企業価値の向上）支援・企業のライフステージに応じたソリューションの提供では、本業支援の定義を知っておく必要があります。ベンチマークがいう本業支援とは、企業の売上向上や製品開発等企業価値向上に資する支援のことで、財務支援や経営計画策定支援や貸付条件の変更先への支援は含めません。このことから、支店では根本的に取引先企業の売上を伸ばすための支援を重点的に行うことが求められています。

また項目(3)の選択ベンチマークには、創業支援、企業誘致支援、販路開拓支援、M&A支援、ファンド（創業・事業再生・地域活性化等）の活用、事業承継支援、転廃業支援、事業再生支援、DES・DDS・債権放棄という言葉が踊っています。これらは本部主導のものもありますが、支店長としては必須の知識でしょう。

項目(5)迅速なサービスの提供等顧客ニーズに基づいたサービスの提供には、31.融資申込みから実行までの平均日数というベンチマークがあります。融資のスピードについては、第1章を参考にしてください。また33.運転資金に占める短期融資割合というベンチマークについては、第9章(5)短期継続融資の活用を参考にしてください。

●資格の取得や外部の機関を活用

項目(7)支店の業績評価、(8)個人の業績評価、(9)人材の育成では、今後ベンチマークが業績評価・人事考課に取り入れられるのが当たり前となります。これからは中小企業診断士、M&Aシニアアドバイザー、動産評価アドバイザーなどの事業性評価や本業支援等の取組みに資する資格取得が行職員には求められることになります。

項目(10)外部専門家の活用、(11)他の金融機関及び中小企業支援策との連携では、日本人材機構やプロフェッショナル人材拠点、各種士業、地域経済活性化支援機構（REVIC）、中小企業再生支援協議会、よろず支援拠点、○-BIZなどの売上向上相談拠点、ミラサポ、中小企業基盤整備機構の各種支援策の活用、認定支援機関の経営改善支援、中小企業に対する各種補助金の活用、知的資産経営報告書の策定支援、政府系金融機関などを積極的に活用することが求められます。

ベンチマークはこのように、支店における融資の新しい指標となります。支店長はしっかりとベンチマークを理解して、それを渉外、融資担当者に落とし込むことが重要となります。

＜第4章のポイント＞
・ベンチマークとは、金融庁が各金融機関の取組みの状況や課題等をできる限り具体的に把握し、他の金融機関との比較も含め、金融仲介機

能の質を高めるための効果的な対話を行うための指標である。
・ベンチマークは顧客目線での行動が一番大事で、支店がベンチマークの項目を頑張れば頑張るほど顧客の業績や顧客満足度が高まり、勤務する金融機関の業績が良くなる。
・ベンチマークには、すべての金融機関が金融仲介の取組み状況や課題等を客観的に評価する「共通ベンチマーク」（3項目5ベンチマーク）と、各金融機関が自身の事業戦略やビジネスモデル等を踏まえて選択できる「選択ベンチマーク」（14項目50ベンチマーク）がある。
・ベンチマークは支店における融資の新しい指標なので、支店長はベンチマークを理解し、それを渉外・融資担当者に落とし込むことが重要となる。

第5章 渉外係に教える業種別見るべきポイント

　融資には、業種ごとに見るべきポイントがあります。ここでは、大きな業種のくくりで理解しておくと顧客との話材になりそうな、業種特有の見方を解説します。支店長も基本の再確認とともに、渉外係に業種ごとの見るべきポイントを教えてあげてください。

1．小売業の見るべきポイント

　2014年7月の「金融モニタリングレポート」に、小売業の事業性評価検証の事例があります。
　その内容は、「事業の特性を考慮した戦略や融資の提案に課題のある事例として、スーパーなどの小売業は事業規模の拡大が収益率の向上に必ずしもつながらないという面があり、営業効率を踏まえない売上の追求や営業エリアの拡大よりも、各店舗の採算管理が重要である場合が多い。しかし企業との間で、『店舗の収益管理や不採算店舗の分析』『新規出店の投資採算性の検証』等についてまでは議論するにいたっていない」というものです。

●店舗別の収益管理と棚卸資産を見る

　ここから、小売業特有の見るべきポイントは、「店舗別の収益管理」が重要であることが分かります。店舗別の業績推移を調べ、不採算店舗はないか、不採算ならどのような原因で陥っているのか、それを改善するにはどうしたらよいのかを、融資の現場で経営者と議論できるかが重要です。
　また、採算の取れている店舗の特徴を調査し、それを他の店舗にも応用していくなどの前向きな視点も必要です。

次に小売業では、棚卸資産（在庫）が見るべきポイントです。買取販売（利益率は高いがその分リスクも多い）か委託販売（利益率は低いがその分リスクは少ない）かで、その見方は異なりますが、買取販売であれば、在庫の鮮度と適正評価を重点的に見る必要があります。
　また店舗を展開している小売業においては、差入保証金の資産性も確認する必要があります。

２．卸売業の見るべきポイント

　卸売業とは、商品の流通の過程で製造と小売をつなぐ経済活動を行う業種です。その特徴は、集荷分散・流通コスト削減・需給調整の３つの機能があることです。集荷分散機能とは、生産と消費の間に卸売業が介在することによって、場所・時間の距離を埋める機能です。流通コスト削減機能とは、小売業者が多数のメーカーから直接仕入れるよりも、間に卸売業が介在することによって取引回数が減り、その結果流通コストが削減されるという機能です。需給調整機能とは、卸売業が介在することによって生産と消費のギャップを調整する機能です。

●売上債権を見る
　卸売業は、今や衰退産業と呼ばれています。なぜなら、小売側によるメーカー直接取引、大手小売店の価格決定権把握、コンビニエンスストアなどチェーン店展開による一般小売店の減少、長期にわたるデフレによる販売価格の低価格化など、業界全体に逆風が吹いているからです。
　卸売業の決算上の特徴として、売上総利益（粗利）率が低い、すなわち利幅が少ないことがあげられます。また総資産に占める売上債権残高の比率が高いことがあります。これらのことから売上債権をどう見るかが、卸売業の最大のポイントです。したがって、融資の現場では売上債権の明細をしっかり把握して、不良債権がないかを確認しなければなり

ません。

　卸売業では、ひとたび不良債権が発生すると赤字に転落する可能性が高いことにも注意が必要です。そこで、主要売上先の売上高と利益の推移を把握し、顧客ごとの採算と信用状況を見ることが重要となります。それとともに、不良債権をカバーできる自己資本の厚みをチェックすることも重要です。

3．建設・土木業の見るべきポイント

　わが国の建設投資のピークは平成4年の84兆円で、それ以降減少傾向が続き、平成22年にはその半分の水準にまで落ち込みました。その後、震災復興需要・アベノミクスによりいったんは増加に転じましたが、平成26年度から再び減少傾向になっています。しかし、東京オリンピックまでは引き続き底堅い建設投資が見込まれると判断され、地域格差はあるものの、概ね都心部の開発を中心として堅調に推移するものと思われます。

●特有の勘定科目を理解する

　建設土木業では、特有の勘定科目があるので、それを理解するのが融資の現場では最重要ポイントとなります。まずは、次の4つの勘定科目を理解しましょう。

　一般の決算書における「売掛金」は、建設土木業では「完成工事未収入金」という勘定科目に変わります。「完成工事未収入金」とは、完成工事高に計上した工事にかかる請負代金の未収額のことです。

　一般の決算書における「棚卸資産」にある「仕掛品」「半製品」は、建設土木業では「未成工事支出金」という勘定科目に変わります。「未成工事支出金」とは、引渡しを完了していない工事に要した工事費ならびに材料購入、外注のための前渡金、手付金等のことです。

一般の決算書における「買掛金」は、建設土木業では「工事未払金」という勘定科目に変わります。「工事未払金」とは、工事費の未払額のことです。
　一般の決算書における「前受金」は、建設土木業では「未成工事受入金」という勘定科目に変わります。「未成工事支出金」とは、引渡しを完了していない工事の請負代金の受入金のことです。

●工事完成基準と工事進行基準を理解する

　次に理解するのは、建設土木業特有の収益基準である「工事完成基準」と「工事進行基準」です。
　工事完成基準とは、工事が完成し、引渡しが完了したことをもって売上高・収益・原価を計上する方法です。一方、工事進行基準とは、工事の進捗状況に応じて、決算ごとに売上高・収益・原価を計上する方法です。
　税務上は、一定の要件を満たす工事（工事期間が1年以上でかつ請負金額が10億円以上）については、工事進行基準が強制的に適用されます。しかし、その他の工事では選択適用ができるので、どちらを採用するかにより完成工事売上高、完成工事原価や前記勘定科目の数字が異なってきます。これを期によって変えたり、工事ごとに変えたりすることもできることから、複雑になってくるのです。
　例えば、実際に引渡しが完了していないのにもかかわらず、売上高を計上することが可能となることから、売上高を過大に計上するという操作ができます。また、完成した工事にかかる原価を完成工事原価として費用処理せずに、未成工事支出金として繰延処理することで、利益率を改善させるという操作が可能となります。
　まずは、以上のことをしっかりと理解することが、建設土木業の融資の見方の第一歩となります。
　また、建設土木業では財務諸表以外に、「受注工事明細表」「入金予定表」「工事進捗管理表」「工事台帳」など名称は様々ですが、個別の工事

4. 製造業の見るべきポイント

　製造業とは、原材料などを仕入れて加工して製品を製造する業種です。どの業種にも共通しますが、特に製造業においては工場見学を行い、どんな製品を作っているかを、自分の目で確かめることが重要です。
　工場見学を行うと、不稼働となっていたり老朽化している機械設備やその製造工程から、企業の技術力を把握することができます。そして製造ラインの合理化など、融資につながる資金ニーズを発見することもできます。

●債務償還年数を見る

　製造業における融資の資金使途のほとんどが、設備資金となります。設備資金は、設備の耐用年数に合わせて長期資金を調達することになります。その際、返済能力について審査しますが、設備投資実行後のキャッシュフローで債務償還年数を見ることがポイントとなります。
　また、製造業では在庫管理が重要ですが、在庫（棚卸資産）をひとくくりにして見るのはやめて、製品、半製品、仕掛品、原材料に分けて分析するようにします。意外とこの区別がつかない担当者がいるので、ここで整理しておきます。
　「製品」とは、できあがった最終生産品のことです。「半製品」とは、中間的な製品としてすでに加工が終わり、現に貯蔵中の販売可能な製品のことです。「仕掛品」とは、製品、半製品を製造のため現在仕掛中（加工中）のものです。製品・半製品は販売可能ですが、仕掛品は販売できないという違いがあります。「原材料」とは、製品の製造過程で消費され、製品そのものを作る材料で、まだ使用されていないものです。

5．運輸業の見るべきポイント

　運輸業の決算書を見ていると、傭車費がさまざまな勘定科目に計上されていることがあります。「傭車（ようしゃ）」とは聞き慣れない言葉ですが、自社の仕事を下請の運送会社、個人の運送事業者に回すことをいいます。
　傭車は、固定費を下げるためにトラックの台数を制限している運輸会社が行ったり、繁忙期に他社に仕事を回すことなどが一般的です。この傭車費が、売上原価に計上されずに販売管理費に計上されている場合や、運輸業は仕入れがあまりない業種にもかかわらず、買掛金として計上されている場合があるので注意が必要です。

6．不動産業の見るべきポイント

　2015年の不動産業向けの銀行新規貸出は10.6兆円と、バブル期の10.4兆円を超え過去最高となりました。東京都心部等を中心に価格・取引量は増加傾向にあり、それが地方の都市部に拡がっています。2016年3月22日国土交通省発表の公示地価は、全国平均で0.1％上昇しました。これは8年ぶりの上昇で、日銀の量的緩和マネーが浸透したためといわれています。
　マイナス金利付き量的質的緩和政策が進んでいけば、さらに銀行融資は不動産業界に行き渡ることになるでしょう。その結果、低金利を背景に住宅・オフィスビルの需要が増え、ミニバブルになる可能性さえ懸念されています。過去のバブルの経験から金融庁は不動産融資にある程度の制約をかけることも想定されます。しかし、資金使途が明確で担保の取り受けもできる不動産業向け融資は、融資の現場としては真っ先に取り組みたいでしょう。

●所有不動産の状況を把握する

不動産業においては、不動産が経営資源となりますので、所有している不動産の状況を把握するのが最重要ポイントです。

所有不動産の明細一覧表から、例えば販売用不動産であれば、長期間販売されない物件はないか、時価が著しく下がっている物件はないか、開発されていない物件はないかをチェックすることが必要です。所有不動産の明細一覧表には、取得時期、取得価格、現在の時価、含み損益、担保設定状況、担保余力は最低限記載して管理する必要があります。

●部門別の売上・利益を把握する

また不動産業は、分譲・仲介・賃貸・管理など複数の業務に分かれることから、部門別の売上・利益をしっかりと把握することが重要です。不動産業向け融資では、分譲開発物件に関して登記留保扱いで担保を取ることがあります。

登記留保扱いとは、実際に（根）抵当権を設定せずに、登記に必要な書類を預かり、いつでも（根）抵当権を設定できる状態（設定契約書、担保物件所有者の委任状を具備、3ヵ月以内の印鑑証明書の取り受け、契約書取受け時には担保物件所有者の本人確認、意思確認済み）にしておくものですが、この方式は債務者の倒産後において、正式担保設定ができないケースがあるので注意が必要です。

なぜなら、司法書士は登記にあたり依頼者本人であること、依頼内容、依頼に関する意思の確認する相手、登記権利者（債権者）と登記義務者（担保物件の所有者）などを登記設定の際に確認しなければならず、債務者が倒産していざ登記留保の担保権を設定しようとしても、倒産のようなケースでは、担保提供者の登記事務における本人確認の協力が得られるケースが少ないので、結局登記できなくなってしまうからです。

したがって、もし登記留保担保を取る場合は、債務者の信用不安が感じられたら、すぐに登記を交渉するのが望ましいといえます。

7．飲食業・サービス業の見るべきポイント

　飲食業特有の指標に、F/Lコストがあります。FはFoodコスト（食材の原価）、LはLaborコスト（人件費）で、FL比率（FLコスト÷売上高）は一般的に60％以内で抑えるのが望ましいとされています。
　またサービス業は、損益分岐点比率が高い業種であり、売上が安定的に推移していくために固定客が獲得できているかを見る必要があります。

8．医療業の見るべきポイント

　医療業界は高齢化の進展、慢性型疾患の増加、医療の高度化などにより、今後も拡大が想定されます。一方で特定診療科目（例えば産婦人科）での医師不足、地域や病院間の医師や看護師の偏在などのマイナスの問題も抱えており、閉院や病院経営失敗による倒産も発生しています。
　また病院経営は、国の医療施策と健康保険制度の影響を大きく受けるため、医療行政を上手に取り込んだ経営（医療収入を増やすための施策と効率化の実践など）を行っているかを見るのが、支店でのポイントとなります。

●医療機関の形態・種類を理解する
　医療機関の形態・種類には様々な切り口がありますが、融資の現場で一般的なものを整理しておきましょう。
　「病院」とは、病床数が20床以上の医療機関のことをいいます。そのうち200床以上の病院を大病院、200床未満の病院を中小病院といいます。「診療所」とは、病床数が19床以下、および病床がない医療機関をいいます。いわゆる「医院」「クリニック」のことで、開設者は個人のほか医療法人でも可能で、条例に特段の定めのない限り、どこでも開設

することができます。

「歯科診療所」とは、診療所の一形態で歯科医業を行うものです。そのほとんどは、比較的簡単に開設できる無床診療所であることから、現在その数は過剰となっています。

「医療法人」は、病院、診療所、老健（介護老人保健施設）を経営する法人のことで、人により構成される医療法人社団と、寄付によって設立される医療法人財団の２種類があります。融資の現場で見かける医療法人は、医療法人社団がほとんどです。医療法人は非営利性という特徴があるため、利益の配当が認められていません。

●保険診療の入金時期を把握する

医療業界の資金繰りを見るポイントは、保険診療の入金時期がいつかです。病院・診療所では、患者からの収入は現金と医業未収金の入金および社会保険診療報酬が主となります。社会保険診療報酬（一般７割、後期高齢者９割）による収入は、医療行為の提供から約２ヵ月後となります。

したがって、運転資金需要はタイムラグの分となります。

運転資金は金融機関からの借入れの他、ファクタリング（診療報酬債権をファクタリング会社に売却し流動化すること）で調達していることも、知識として入れておきましょう。

病院・診療所を新規開設する場合は、当初に大規模な設備投資が必要となります。土地・建物の他、高額な医療機器が必要となり、これらの調達は、一般金融機関からの借入れ、福祉医療機構からの借入れ、医療機器についてはリースでの対応が一般的です。

９．介護業の見るべきポイント

介護業も高齢化の進展による需要増を背景として拡大を続けていま

す。日本の 65 歳以上の高齢者人口が総人口に占める割合である高齢化率も 2015 年に 25％を超え、これからも高齢化が加速していきます。そんななかで、介護業向けの融資も拡大を続けると思われます。

●介護の形態・種類を理解する
　介護業の融資でいつも頭が混乱するのは、その形態・種類です。ここでは、それをすっきり整理したいと思います。
　「サービス付き高齢者向け住宅（サ高住）」とは、高齢者の人が医療・介護が必要となっても住み続けることができる住宅のことです。それまでの高専賃制度等を統合する形で創設された制度で、平成 23 年 10 月から登録が開始され、その後 10 年間で 60 万戸の整備が目標とされたため、多くの事業者がサ高住へ参入しています。
　「有料老人ホーム（有老ホ）」とは、常時 1 人以上の高齢者（65 歳以上）を入所させて、生活サービスを提供することを目的とした施設で、老人福祉施設でないものをいいます。有老ホは株式会社（営利法人）および医療法人での運営が可能です。
　「介護老人福祉施設（特養）」とは、重度の要介護者（在宅では介護が困難な高齢者）を対象として、長期にわたり介護等のサービスを受ける施設です。事業主体は社会福祉法人がほとんどで、医療法人・営利法人は開設することができません。
　「介護老人保健施設（老健）」とは、病院から退院した要介護者が入ってリハビリ等を行うなど、病院と在宅の中間施設です。施設には常勤の医師が必要なため、運営主体は医療法人が多くなっています。老健は、営利法人の開設はできません。
　「認知症対応型共同生活介護（グループホーム）」とは、その名称のとおり、認知症の要介護者を対象とした施設のことです。定員が一施設 18 人以下と制限されており、運営主体は社会福祉法人と営利法人が多くを占めます。

第5章　渉外係に教える業種別見るべきポイント

　「（予防）通所介護」（デイサービス）」とは、利用者が日帰りで多岐にわたるサービス（食事、入浴、レクリエーション、リハビリなど）を受けられる施設のことです。デイサービスは、かつて1兆3,000億円規模の市場といわれ成長を続けてきましたが、平成24年に介護報酬の改訂があり、現在は事業者の事業運営の工夫が経営の鍵となっています。
　「（予防）短期入所生活・療養介護（ショートステイ）」とは、一時的に自宅での介護ができなくなったり、家族の介護負担軽減が必要な場合など、短期間入所して介護、レクリエーション、機能訓練等を受ける施設です。生活介護は社会福祉法人、療養介護は医療法人が運営主体のケースが多くを占めています。

●資金繰りの特徴は医療業界と類似

　介護業界の資金繰りの特徴も医療業界と似ています。介護報酬については、原則1割を利用者から徴収し、残りの9割は市町村から委託を受けた国民健康保険団体連合（国保連）から入金されますが、2ヵ月のタイムラグがあります。
　施設を開所する場合は、土地・建物の設備投資が必要となる点も医療業界と同じです。介護施設は既存の不動産物件をリニューアルするケースも多いのですが、介護に必要な特別な付属設備が必要となるので、多額の設備投資が必要となります。
　不動産の資金ニーズが高いのは、居住系・施設系（サ高住、有老ホ、特養、老健、デイサービス、ショートステイ）ですが、介護業界は不動産賃借が多いのも一つの特徴です。
　地元事業者等とのマッチングにおいては、例えば「サ高住」向けの案件では、土地の有効活用を模索する地主に、信頼できる施工業者や介護事業者を紹介することができます。サ高住物件は一般のアパート物件と比べて経年劣化が少なく、完成した建物を事業者や施工業者が長期間一括で借り上げるケースが多いため、地主に対し土地活用の提案ができます。

10. 農業の見るべきポイント

　農業向け融資は、当然ながらJAバンクが強い営業基盤を持っています。一般の金融機関は、以前は農業融資のノウハウがなかったため、農業融資への参入は消極的でした。しかし、農地の「所有」から「利用」へ転換した2009年12月の農地法改正により、建設業など異業種から農業への参入が始まったことで、農業向け融資に目が向けられるようになりました。

　そして、農業金融は第1次産業である生産の支援から、加工、流通を含めた農業の第6次産業化への取組みに拡大しつつあり、製造業をはじめとした中小企業の資金需要が低迷しているなか、それに代替する新しい市場として農業融資に参入し始めています。

●家族の背景資産等を組み入れた自己査定がポイント

　農業融資については、金融機関の自己査定上の問題があります。すなわち農業は個人事業者が多く、厳格にバランスシートの自己査定を行うと、申告書上の元入金がマイナス（債務超過）となってしまい、債務者区分において正常先・その他要注意先を維持するのが困難なケースが多く出てきます。これをクリアするため、中小企業特性の考え方を準用し、家族の背景資産・収入状況を組み入れて自己査定する必要があります。

　次に、一般的に農業融資の担保となるのは農地ですが、農地は農地法、農振地域といった法令等により担保評価が著しく低く抑えられるうえ、担保としての流動性がありません。それをカバーするのがABLの活用です。農業融資ABLに関しては、畜産であれば牛や豚など、農作物であれば米、野菜、くだものなどを担保に取ります。

　このように、農業を基幹産業とする地域では、地域経済の活性化に向け、地元企業の特性、商品に合わせた円滑な資金供給手段として、農業

融資 ABL を活用して積極的に融資を推進したいものです。

＜第5章のポイント＞
・小売業の事業性評価では「店舗の収益管理や不採算店舗の分析」「新規出店の投資採算性の検証」が重要である。
・卸売業では主要売上先の売上高と利益の推移を把握し、顧客ごとの採算と信用状況の管理をする。
・建設土木業では「完成工事未収入金」「未成工事支出金」「工事未払金」「未成工事受入金」の4つの勘定科目と建設土木業特有の収益基準である「工事完成基準」と「工事進行基準」を理解する。
・製造業においては工場見学を行い、どんな製品を作っているかを自分の目で確かめることが重要である。
・運輸業の決算書では傭車費に注意する。
・不動産業では不動産が最重要の経営資源なので、所有している不動産の状況（在庫の状況と含み損益）を把握する。
・飲食業では特有の指標に FL 比率（FL コスト÷売上高）を算出し、60％以内かを確認する。
・医療・介護業ではその形態・種類をしっかり理解して融資アプローチを行う。
・農業では自己査定に中小企業特性の考え方を準用する。

第6章　渉外係に教える決算書の見方と定性情報評価

1．支店での決算書を見るポイント

　支店の若い担当者が、取引先の社長から決算書を取り受けても、何もコメントせずに持ち帰るケースがあります。その場で気の利いた話ができれば、社長との距離も縮まるのでしょうが、「何を話したらいいか」「何を質問したらいいのか」分からないといいます。そこで、若い担当者にアドバイスできる決算書、定性情報についての基本を確認します。

●過去の決算情報から質問を用意しておく

　企業の決算書は、決算月の2ヵ月後が確定申告の期限なので、その時期になったら、決算書の話を切り出す癖をつけておくことが重要です。

　次に決算書の話を切り出すときには、事前に過去3期分の決算情報を見て、大きな増減があった項目については、何があったのかを調べておきます。そして過去の決算情報から、「どんな質問をするのか」をいくつか用意しておくと、社長との面談はスムーズに進むでしょう。

　さらに、決算書は過去の業績に過ぎません。過去の業績は企業の未来への助走であると捉えて、今後の話をヒアリングするのが最重要項目であることを肝に銘じて望むようにします。

2．損益計算書のヒアリングポイント

●まず売上高を確認する

　損益計算書では、まず売上高を確認します。なぜなら、売上高は企業の根幹をなすべきものだからです。例えば、決算書を3期分取り受ける

ことができたなら、時系列で売上高がどうなっているかを比較しましょう。売上高の変化により企業の大きなトレンド（上昇基調か、下降基調か）をつかみ、今後の見込みを質問します。

売上高については、商品別・地域別・部門別など取引先の状況に合わせて、それぞれ売上高のどの位を占めているのか、何が売れているのか、どの部門が伸びているのか、今後どの商品・部門に力を入れていくのかをヒアリングします。

●利益項目では営業利益に着目する

損益計算書には6つの利益（売上総利益・営業利益・経常利益・特別利益・税引前当期利益・当期純利益）があります。そのなかでまず見るのが営業利益です。なぜなら、営業利益は企業の本業で利益が上がるかどうかの判断材料となるからです。この営業利益が赤字なら、その会社は本業で利益を上げていないため、何か根本的な問題があるという前提で、その原因を質問する必要があります。

企業の経営改善・再生においては、この営業利益が出ているかがポイントになります。全体で赤字でもキラリと光る営業利益の出ている部門があれば、企業の経営改善・再生は可能です。全体の営業利益が赤字でも、商品別・地域別・部門別などで黒字の部分があれば、そこだけ切り離せば企業再生は可能と考え、その部門を大きく伸ばすことが経営改善につながっていきます。

売上総利益は、企業の粗利つまり商売の大本の利益です。その場で粗利率（売上総利益÷売上高×100）をはじいて、前期・前々期と比較し、大きな変化があったときは、その原因（売上の利幅が問題なのか、仕入れや製造原価の問題なのか）をヒアリングします。

●キャッシュフローで弁済できるか

キャッシュフローは、融資の返済原資を確認するうえで重要なポイン

トです。キャッシュフローを決算書から簡易に算出するには、当期純利益に売上原価と販管費の中にある減価償却費を足します。これが簡易キャッシュフローと呼ばれるもので、融資金返済の原資となります。

約定弁済付きの借入金があれば、年間でいくらの約定弁済資金が必要かを算出して、企業のキャッシュフローによる弁済が可能かどうかの判断をします。約定弁済資金がキャッシュフローを超えている場合は、財務是正資金が必要となります。

●減価償却に未計上や減少はないか

減価償却については、過去に減価償却費の未計上がないか、極端にその金額が減少していないかを確認します。減価償却をやめたり、その額を減らすことで利益を計上していないかを確認します。減価償却費の計上の調整で簡単に粉飾が可能だからです。

逆に減価償却費が増加している場合は、大きな償却資産を取得したことが想定されるので、どんな投資をしたのかがヒアリングのポイントになります。減価償却については、償却不足（固定資産を法定償却期間内限度まで償却が行われていない）の企業もよくあるので、ヒアリングとともに法人税申告書を取り受け、別表16を見て償却の過不足を確認しましょう。

3．貸借対照表のヒアリングポイント

貸借対照表は取引先の財政状態を示したもので、左側は資産、右側は負債と資本で構成されています。そこで、右側でどう資金を調達し、それを左側でどう運用したかという視点で見るのが基本です。

●資産の部は手元の現金の額を見る

まず資産の部では、現預金の残高を見て、手元に現預金をどのくらい

確保しているかを見ます。大きく伸びる企業は、潤沢に現預金を持ち、それをどのような商売に投資しようかと考えます。

　次に棚卸資産（商品、製品、仕掛品、原材料など）に注目します。棚卸資産の増減を見ることで、過大在庫、不良在庫はないかを疑ってみます。適正な在庫水準を社長がどう考えているかをヒアリングするといいでしょう。投資その他の資産では、貸付金・出資金において返済不能で資産性がないものが隠れている可能性があるので、付属明細書でその内容を把握しましょう。

●負債の部は支払手形と買掛金に注目する

　負債の部では、まず支払手形と買掛金に注目します。支払手形を切っていない会社は、手形の不渡・銀行取引停止処分のおそれはありませんから、安心感があります。

　例えば、取引先から「支払手形をやめて現金払いにしたい。そうすれば仕入単価が下がるのでメリットがある。ついては支払サイト短縮のための資金を融資してもらえないか」との相談があったとします。この場合、支払サイト短縮を取引先の前向きな経営戦略の一環と捉えるか、仕入先から信用不安による支払サイト短縮を求められているのかと捉えるかで、180度逆の融資判断となります。

　買掛金は、どのような支払条件なのかを確認します。

●債務が売上高を超えていないかを確認する

　次に、どのくらい借入金があるかを見ます。短期借入金・長期借入金・社債を合計して、損益計算書の売上高と比べることにより、過大な売上高を超える債務となっていないかを確認します。

　短期借入金・長期借入金・社債の合計から正常運転資金を引いた金額を、損益計算書から算出した簡易キャッシュフロー（当期純利益＋減価償却費）で割ってみます。その値（債務償還年数）が、10〜15年を超

えていたら要注意という視点で会社を見ます。

　●純資産の部では資本合計を見る
　純資産の部では資本合計を見ます。ここがマイナスなら債務超過の状態です。債務超過とは、その会社の資産を全部処分したとしても会社の負債を返せない状況にあるということです。

4．融資に際し取り受ける書類

　また、融資にあたり決算書以外に取り受ける書類は、付属明細書、法人税申告書、試算表、資金繰表、受注明細表、入金予定表、経営改善計画書、社長個人の確定申告書などです。融資はビジネスですから、必要な書類は対等なビジネスパートナーとして、臆することなく依頼しましょう。

5．定性情報評価のポイント

　定性情報は、数字では表れない企業の実態把握をするうえで重要な目利き情報です。社長などとの面談やヒアリングで得た定性面の評価を加えて融資先を判断する必要があります。ここでは、基本的項目、マネジメントの状況、ビジネス基盤、企業のマーケティング状況の視点から、定性面評価のチェックポイントをチェックリスト形式で記載しますので、定性評価の参考にしてください。

　（1）基本的項目
　　□地域における業界地位
　　□経済諸要因からの影響の受け方
　　□メインバンクとの密着度

□営業年数
□外部専門家（税理士、弁護士、中小企業診断士、コンサルタントなど）の活用状況
□ビジネスモデルの将来性
□経営改善計画の策定状況
□税金の滞納はないか

（2）マネジメントの状況
□代表者のタイプ（創業社長、二代目、三代目、社員からの登用など）
□代表者の在職年数
□代表者・役員の平均年齢
□経営者としてのビジョン
□明確な経営理念・経営戦略
□代表者が数字に強いか
□代表者は嘘をつかない人物か
□仕事に対して情熱を持っているか
□意思決定の方法（トップダウンかボトムアップか）
□経営のスピード
□権限委譲
□役員報酬の支払状況
□どんぶり勘定ではないか
□会社と個人の公私混同はないか
□代表者の背景資産
□代表者の健康状態
□事業承継（後継者は育っているか）
□人材育成への取組状況

（3）ビジネス基盤

□会社の雰囲気（接客態度、電話応対、服装、規律など）
□社員の教育状況
□社員のモチベーションの高さ
□社員の採用状況、年齢構成、人事状況
□労働環境、5S
□社内規定の整備
□社員の定着状況
□コンプライアンス体制
□株主構成
□番頭の存在
□開発スタッフのレベル
□設備能力、稼働率
□工場での生産工程

（4）企業のマーケティング状況
□取扱商品の商況、採算性、業界シェア
□取扱商品の独創性・ブランド性
□新商品・新サービスの開発状況
□既存商品のライフサイクル
□販売先の動向
□仕入先の状況
□販売条件や仕入条件の同業者比較
□販売予算の策定状況、管理分析
□マーケット調査の状況
□広告宣伝力
□消費者ニーズの把握
□知的財産権（特許権・商標権・実用新案権など）
□技術力・販売力・成長可能性

6．企業の成長可能性とは何か

　企業の成長可能性とは何かを、金融庁の考え方（「知ってナットク！中小企業の資金調達に役立つ金融検査の知識」）を参考にまとめてみます。

　事業性評価融資の定義にある「成長可能性」を「将来を評価するもの」と捉えるなら、「知ってナットク！」では、それを評価するにあたって「技術力と販売力を見逃してはならない」といっています。また、「技術力や販売力のある企業の将来性に期待し、現段階での決算等の数値のみにとらわれない柔軟な評価を行います」との記述があり、次のような技術力・販売力の具体例をあげています。

・特許権、実用新案権等の知的財産権を背景とした新規受注契約の状況や見込み
・新商品・サービスの開発や販売の状況を踏まえた今後の事業計画書等
・取扱い商品・サービスの業界内での評判等を示すマスコミ記事等
・今後の市場規模や業界内シェアの拡大動向等
・販売先や仕入れ先の状況や評価、同業者との比較に基づく販売条件や仕入条件の優位性
・企業の技術力、販売力に関する中小企業診断士等の評価

　いずれも、定性評価項目のポイントに関連したものばかりであり、定性評価の重要性が分かると思います。

＜第6章のポイント＞
・社長との決算面談では今後の経営についてヒアリングすることも重要である。
・売上高・利益は商品別・地域別・部門別などで把握する。
・企業再生では営業利益がポイントとなる。

・キャッシュフローは企業の債務償還能力を見るうえで重要である。
・貸借対照表は常に右側（負債）でどのように資金を調達し、それを左側（資産）でどのように運用したかの視点で見る。
・定性情報は数字で表れない企業の実態把握をするうえで、重要な目利き情報である。
・企業の成長可能性とは技術力・販売力の将来性を見ることである。

第7章　経営者保証に関する
　　　　ガイドラインの活用方法

1．求められる積極的活用の視点

　経営者保証に関するガイドライン（以下「ガイドライン」という）の適用が始まって数年が経過しました。しかし支店においては、まだその考え方が十分に浸透しているとはいえないのが実態です。
　ガイドラインを積極的な営業戦略のツールとして捉えるのか、あるいは「他の金融機関では経営者保証を外してもらえましたよ」「私の経営者保証を外してもらえませんか」との申し出に対応するだけか、時代の潮流に乗るには、積極的活用の発想を持つ必要があります。
　地域金融機関では、「取引先でガイドラインの適用となる中小企業はほとんどありません」というのが本音かもしれません。しかし一方で、金融業界はすでに第三者保証なしの事業性融資は当然のこととされており、経営者保証なしの融資も急速に普及しています。

●増加する経営者保証なしの融資

　金融庁発表による民間金融機関における「経営者保証に関するガイドライン」の活用実績（平成27年10月〜28年3月実績）によると、新規に無保証で融資した件数（ABLを活用し無保証の融資は除く）は208,345件、経営者保証の代替的な融資手法（停止条件付保証契約、解除条件付保証契約およびABL）を活用した件数は192件、保証契約を解除（「特定債務保証の解除をした場合」または「根保証の期限到来前に解除をした場合」または「根保証の期限到来時に期限延長等をしなかった場合」）した件数は16,193件です。
　さらに、保証金額を減額した件数は8,179件、メイン行としてガイド

ラインに基づく保証債務整理を成立させた件数は99件、新規融資に占める経営者保証に依存しない融資の割合（件数ベース）は12％となっています。このことから、中小企業・小規模事業者においても思いのほか早く、経営者保証なしの融資はあたり前という時代がやってくるに違いありません。

２．経営者保証なしの３つの要件

　筆者は、名古屋税理士会高山支部で研修講師を行う機会がありました。「最近の金融事情について」という題目で、ガイドラインのポイントを説明しましたが、熱心にメモを取る税理士が多く見られました。彼らにとっても、クライアントに対する有益な提案ツールになるのかもしれません。なかでも一番聞き耳を立てていたのは、経営者保証なしの融資、経営者保証を外すために中小企業がすべき３要件のところです。

　３要件とは、①法人個人の一体性の解消（法人と経営者個人の明確な資産・経理の分離、法人と経営者間の資金のやりとりの制限）、②財務基盤の強化（法人のみの資産・収益力で借入れの返済が可能）、③適時適切な財務状況などの情報開示（財務状況の正確な把握・適時適切な情報開示等による経営の透明性確保）のことです。そこで、より具体的にこの要件を整理してみましょう。

（１）法人個人の一体性の解消
□本社、工場、営業車等の法人の事業活動に必要な資産は法人所有となっている。
□自宅兼店舗、自家用車兼営業車などの場合、法人から経営者に対し適切な賃料が支払われている。
□法人から経営者に対し事業上の必要性が認められない貸付が行われていない。

第7章 経営者保証に関するガイドラインの活用方法

☐法人と経営者との間の資金のやりとりが社会通念上適切な範囲を超えていない。
☐個人消費の飲食代等は法人の経費処理に含まれていない。
☐経営者に対し取締役会や会計参与、外部監査等を通じたガバナンス機能が発揮されている。
☐取締役会の適切な牽制機能の発揮のため取締役または監査役が親族以外の第三者から選任され、取締役会に開催している。
☐役員報酬の決定プロセスが規定等で明確化されている。
☐役員報酬・配当・経営者への貸付等が同業・同規模の平均水準を上回っていない。
☐社内監査体制の確立等に対して外部専門家の検証がなされている。
☐法人税法を根拠とする同族会社ではない。

(2) 財務基盤の強化
☐不動産担保等で保全が充足している。
☐融資金額に対して十分な資産を有している。
☐融資金額に対して十分なキャッシュフローを有している。
☐業績が堅調で十分な利益(キャッシュフロー)を確保しており、内部留保もしっかりある。
☐使用総資本自己資本比率(<営業利益+受取利息・受取配当金>÷資産の額×100)が10%以上ある。
☐インタレスト・カバレッジ・レシオ(<営業利益+受取利息・受取配当金>÷<支払利息+割引料>)が2倍以上ある。
☐3期連続して黒字決算であり、将来的にも返済に必要な収益・キャッシュフローの確保が見込まれる。
☐2期連続黒字かつ自己資本比率20%以上かつ有利子負債・CF倍率10倍以下である。
☐直近期黒字かつ自己資本比率50%以上かつCFがプラスである。

□ 2期連続黒字かつ資産超過でありかつ有利子負債・CF 倍率5倍以下である。

（3）適時適切な財務状況などの情報開示
□「中小企業の会計に関する基本要領」等に拠った信頼性のある計算書類を作成している。
□貸借対照表、損益計算書の提出のみでなく、これら決算書上の各勘定明細（資産・負債明細、売上原価・販管費用明細等）の提出がある。
□月次試算表に基づいて最新の財務状況を正確に把握しており、定期的な報告がある。
□資金繰り表を作成し必要資金の管理を行っており定期的な報告がある。
□売上高や利益など経営の具体的な数値目標（例えば損益分岐点売上高など）や計画を設定している。
□金融機関からの財務状況等の報告依頼に対して誠実に対応している。
□会計参与設置会社である。
□金融商品取引法の適用を受ける会社、その子会社、関連会社である。
□税理士法33条の2に規定する計算事項等を記載した書面を税理士が作成している。

代表的な要件を列挙しましたが、当然、すべて充足しなければならないわけではありません。どの要件が当てはまるか、その充足状況に応じて検討することになります。この3要件を一言で整理すると、①雇われ社長、②好業績、③良好な関係といえるでしょう。

3．取引開始のツールとして活用

ではここで、支店の取引先で「雇われ社長・好業績・良好な関係」にある取引先を思い浮かべてください。こう考えると、そうした取引先が数多くあることに気づきませんか。その取引先にいち早く経営者保証な

しの融資を提案したらどうでしょうか。

メインの取引先には、「経営者保証なしの融資を提案するのは、会社経営の手本となる企業だけですよ」と社長の心をくすぐり、メインの座を盤石なものにします。サブの取引先には、「私どもがいち早く御社が会社経営の手本となる企業だと気がつきました」とメインの座をうかがうトークを展開します。新規取引先には、「御社の経営内容ですと保証人なしの融資が検討できますが、いかがですか」と取引開始のツールとして使うことができます。

4．事業承継とガイドライン

●適切な保証金額の設定に努める

今までは事業承継時に後継者に対して、前経営者が負担する保証債務を、当然のように引き継がせていたのが融資実務でした。しかしガイドライン制定後は、事業承継時に後継者に対して、引続きの保証を当然に求めるという考え方をしてはいけません。

ガイドラインでは、事業承継時の対応として既存保証の見直しと前経営者との保証契約の解除について、その方向性を示唆しています。事業承継時における既存の保証契約の見直しにおいては、金融機関は後継者との保証契約の締結は、前経営者が負担する保証債務について後継者に当然に引き継がせるのではなく、必要な開示を得たうえで、法人個人の一体性の解消、代替する融資メニューの活用をしながら、適切な保証金額の設定に努める必要があります。

具体的には、必要な情報開示を得たうえで、①法人と経営者個人の資産・経理が明確に分離されているか、②法人と経営者の間の資金のやりとりが、社会通念上適切な範囲を超えていないか、③法人のみの資産・収益力で借入返済が可能である状況が維持されているか、④債務者から適時適切に財務情報が提供されているか、⑤経営者等から十分な物的担

保の提供があるか、の5つの要件に即して、保証契約の必要性等について改めて検討します。

その結果、保証契約を引続き締結するという判断を下した場合には、保証金額の再設定を検討します。そのうえで、適切な保証金額の設定に努め、保証契約の必要性等を主たる債務者および後継者に対して、丁寧かつ具体的に説明する必要があります。

●保証契約解除の対応方法

前経営者との保証契約の解除については、前経営者が引続き実質的な経営権・支配権を有しているか否か、当該保証契約外の手段による既存債権の保全の状況、法人の資産・収益力による借入返済能力等を勘案しつつ、保証契約の解除について適切に判断することになります。

ガイドラインQ＆Aでは、前経営者に係る既存の保証契約を事業承継時に解除するために、前経営者や後継者はどのように対応すればよいのかについて、①実質的な経営権・支配権の移転、②主たる債務者と前経営者の一体性の解消、③保全の維持の3点が例示されています。

①の実質的な経営権・支配権の移転とは、前経営者が実質的な経営権・支配権を有していないことを対象債権者（金融機関）に示すために、中小企業の代表者から退くとともに、支配株主等に留まることなく、実質的にも経営から退くこと（併せて、当該法人から報酬等を受け取らないこと）です。

②の主たる債務者と前経営者の一体性の解消とは、例えば前経営者が主たる債務者から社会通念上適切な範囲を超える借入等を行っていることが認められた場合は、これを返済することです。

③の保全の維持とは、対象債権者にとって法人の資産・収益力では既存債権の保全が乏しい場合には、前経営者の資産のうち、具体的に保全価値があるものとして対象債権者が認識していた資産と同等程度の保全が、後継者等から提供されることです。

第7章　経営者保証に関するガイドラインの活用方法

　中小企業においては、子息等親族に代表者の変更をするだけの形式的な事業承継を行うケースが散見されますが、その場合は、実質的な経営権・支配権が移転されていないと判断されることから、前経営者の経営者保証の解除は困難という結論になります。どうすれば前経営者の保証が解除できるかを取引先とよく話し合い、ガイドラインが示唆している正しい法人経営（経営者保証なしの3要件）がなされるよう真摯にアドバイスすることで、取引先の信頼を得たいものです。

●ガイドラインに沿った提案を行う

　こうしたことを踏まえて支店では、事業承継先には待ちの姿勢ではなく、自金融機関の事業承継対象先のみならず、他金融機関メイン先の事業承継対象先をもリストアップし、ガイドラインに沿った提案を行うことで、ビジネスに結びつける発想が大切になると思います。

　事業承継対象リストアップ先の経営状況をよく把握し、経営者保証なしが可能であるなら、こちらからその提案してみましょう。そうすることで事業承継に伴う資金ニーズへの融資対応、タックスプランや事業承継計画への関与、事業承継に伴う資産運用ニーズへの対応、将来の相続への対応、M＆Aなどのビジネスチャンスに結びつけることが可能となるでしょう。

5．「経営者保証に関するガイドライン」の活用事例

　金融庁が公表している「経営者保証に関するガイドライン」の活用に係る参考事例集（平成27年12月改訂版）には、「経営者保証に依存しない融資の一層の促進」、「適切な保証金額の設定」、「既存の保証契約の適切な見直し」、「保証債務の整理」の4項目において、具体的な取組事例が数多く記載されています。それらは広く実践されることが望ましい取組みを取りまとめたものですので、支店ではそれを参考にして推進す

るのがよいと思います。

6．保全の充足と代替する融資手法

●保全状況等を考慮して保証金額を減額

　経営者保証なしの融資推進の別角度からのポイントは、保全の充足です。前述の参考事例集のなかには、預金担保による保全状況等を考慮して保証金額を設定した事例、不動産担保による保全状況を考慮し保証金額を減額した事例がいくつか記載されています。それは、例えばこうした事例です。

　「不動産担保による保全状況等を考慮して保証金額を減額した事例」では、酒類・醸造米卸売業で経営基盤は不安定だが、着実に業績を上げてきている取引先に対する融資において、経営者保証と所有不動産の担保提供の申し出があったものの、融資額25百万円に対し不動産担保17百万円の評価があったため、担保不動産の流動性、今後の与信増加の可能性を総合的に判断し、10百万円の経営者保証としたところ、経営者は保証の減額をありがたく思い、期待に応えられる経営を約束したというものです。

●保証金額の設定、減額を提案

　この事例のように、不動産担保、預金担保に頼った融資をしてきた地域金融機関は、それを逆手にとり、根保証の期限到来時に保証金額の減額見直し提案をしてみたらどうでしょうか。つまり経営者の事業意欲をかき立てる観点から保証金額の設定、減額を提案するのです。経営者が経営者保証の減額をありがたく思い、期待に応えられる経営を約束するようになれば、この提案は後の取引に生きてくるでしょう。

　そしてもう一つのポイントは、代替する融資手法におけるABLです。ABLについては第2章で説明しましたが、既存のABL先には「在庫・

機械を担保にいただいており、業績も良好ですから、その代わりに保証金額の減額を検討させていただきます」のトークで、新規のABL先には「在庫・機械を担保にいただく代わりに、経営者保証はなしで対応させていただきます」とのトークでガイドライン活用の提案を行ってみましょう。

　このように、経営者保証ガイドラインを積極的な営業戦略のツールとして戦略的に活用することで、良質な融資に結びつけることができると筆者は考えています。

<第7章のポイント>
・経営者保証を外すための3要件とは、法人個人の一体性の解消、財務基盤の強化、適時適切な財務状況などの情報開示である。
・支店では「雇われ社長・好業績・良好な関係」にある取引先に対してガイドラインの適用可否を検討する。
・事業承継時には、後継者に対して前経営者が負担する保証債務を当然のように引き継がせてはいけない。
・事業承継時に前経営者の保証を外すには、実質的な経営権・支配権の移転、主たる債務者と前経営者の一体性の解消、保全の維持の3点を考慮する。
・保全の充足や代替する融資手法であるABLを活用して、経営者保証をはずすことも可能である。

コラム4●融資に代わる取組み①～クラウドファンディング（飛騨信用組合の事例から）

　クラウドファンディングとは、クラウド（群衆、幅広い人々）とファンディング（資金調達）を併せた言葉で、資金調達をしたい希望者が、インターネット上でプロジェクトを発表することにより、それに共感した支援者から必要な資金を集めることができるプラットフォームのこと

である。そのプロジェクトに共感した友人、ファン、ソーシャルメディアのつながり、日本中もしくは世界中の人々から少額ずつ資金を集めることができるものである。

　クラウドファンディングは、日本では大きく「投資型」「購入型」「寄付型」の3種類に分類することができる。「投資型」とは、出資者が事業者等に出資を行い、最終的には出資金返還と金銭配当や商品などのリターンを得るものである。「購入型」とは、支援者がプロジェクトに出資をするが、そのリターンとして支援金額に応じた金銭以外のサービス、商品などを得るものである。「寄付型」とは、文字通り共感したプロジェクトに出資はするもののリターンは求めず、出資金を寄付するものである。

　飛騨信用組合では、2種類のクラウドファンディングを駆使して、「投資型」「購入型」「寄付型」すべてに対応している。そして飛騨・高山地域経済の活性化につながり、かつ、融資の代替機能を果たすものとして、積極的にその活用提案を行っている。

■「投資型」クラウドファンディング

　飛騨信用組合では、平成25年6月、インターネットを通じて事業者が個人から小口の事業資金を集めることができる「セキュリテ」を運営するミュージックセキュリティーズ株式会社（以下「MS社」という）と提携した。その仕組みは次のようなものである。

　まず出資を受けたい事業者は、事業計画（プロジェクト内容・募集金額・一口の募集金額・投資運用期間の設定・リターン内容、条件の設定など）を当組合と一緒に作成し、その事業計画をMS社の審査にかける。審査が通ったら、MS社のセキュリテのサイトで出資の募集を開始する。サイトでは、現在何％集まっているか分かるようになっている。もし募集金額に届かなかった場合は、その残金を当組合の融資や地域活性化ファンド（次章のコラムで取上げ）で対応することでプロジェクト実行が可能になる。投資家の信認を得て募集金額に到達したら、その資金を

元手にプロジェクトを実行する。

投資期間満了後は、事業者は出資者に対し当該プロジェクトによる売上・利益を原資として出資金の返還と配当を行う。また、投資期間中に、プロジェクトに係る商品などの現物配当を特典として行う。プロジェクトが失敗したようなケースでは、出資金の返還ができなくなるため、商品現物の分配になるなど投資家にはリスクを伴うが、一方投資家はプロジェクトへの共感で出資を行っていること、一口の出資額が多額でないため訴訟における対費用効果を考えると、法的対応にまで打って出ることは基本的にないと考えている。

事業者にとっては、プロジェクト資金が集まることの他に、プロジェクトに賛同してくれるファン作り、口コミやネットでの拡散など宣伝効果、メディアに取り上げられることのパブリシティ効果が見込まれる。しかし、ファンドを組成する初期費用として50〜150万円が必要となること、ランニングコストとして運営手数料、監査費用、成功報酬などが必要となるなど、通常の融資と比較するとその負担は相当重いというデメリットがある。したがって事業者にとっては、事業を全国展開するための広告宣伝費と割り切ったうえでの利用という考え方が必須となる。

平成28年12月現在、飛騨信用組合ではこのセキュリテを通じて4先5件（募集金額120〜1,900万円）のファンド組成を行い、うち4件の組成を完了した。

■「購入型」「寄付型」クラウドファンディング

飛騨信用組合では平成26年8月、そのコンセプトを「あなたの地元を、遠くにいながら応援できる」とする購入・寄付型クラウドファンディング「FAAVO（ファーボ）」を展開する株式会社サーチフィールドと提携し、「FAAVO 飛騨・高山」を立ち上げた。飛騨信用組合自らがサイトの運営者となり、プロジェクトの取り上げ、審査、サイトへのアップまでのすべてを行っている。クラウドファンディングの運営に直接関

わっている地域金融機関は、飛騨信用組合がパイオニアであった。

　まずは、FAAVO地域オーナーとしての飛騨信用組合の想いをFAAVO飛騨高山のホームページから抜粋する。

　「『地域の皆様にとって最高のコンシェルジュになること。』- 飛騨信用組合は岐阜県高山市に本店を置く地域金融機関です。日本三大美祭の一つである高山祭が行われる高山市、里山の原風景が残る飛騨市、世界遺産となった合掌造り集落を有する白川村、雄大な森林と山岳に包まれ、美しい清流が流れるこの地域が私たちの『ふるさと』です。

　私たちはFAAVOを通じて、①地域内に眠っている沢山のアイデア・プロジェクトの目覚めを後押しすること。②地域内に住む皆様はもちろん、地域を離れて暮らす皆様とこの『ふるさと』を強くつなぐこと。『ふるさと』を愛する皆様のその想いをFAAVOを通じてご支援いたします。この素晴らしい飛騨・高山をもっともっと元気にできるように、私たちは最高のコンシェルジュを目指します。」

　こういった想いのもとにFAAVO飛騨・高山を運営しているが、そのスキームは、次の通りである。

　何かプロジェクトを行いたいプレーヤーが飛騨信用組合にアイデアを持ち込む。プレーヤーの条件として当組合では、当組合に預金口座を開設すること、当組合のテリトリーである高山市、飛騨市、白川村の出身であることとしている。当組合はプレーヤーと一緒になって、プロジェクトの内容、募集金額、リターンの商品・サービスの内容を作り上げていく。

　そのポイントは、どのような活動をどのような想いで取り組むのか、そのプロジェクトで地域がどのように盛り上がっていくのか、そのプロジェクトはどのような共感を得られるのか、賛同して手伝ってくれる仲間がいるかなどである。

　プロジェクトができたら、その内容をサイトにアップして出資者（サポーター）の支援を募集する。目標金額を達成した場合は、一定の手数

料を差し引いた金額がプレーヤーに振り込まれる。プレーヤーはプロジェクトを開始しサポーターに対し出資金額に応じた商品・サービスなどのリターンを提供する。そしてサイト上には、プロジェクトの進捗状況をアップすることでさらなる共感を広げようというスキームである。

　前述のセキュリテと大きく異なる部分は、プレーヤーの資格、募集金額、募集形式、募集費用、募集期間である。プレーヤーの資格はセキュリテでは法人・個人事業主であるが、FAAVO では個人やボランティア団体も利用できる。募集金額において購入型の FAAVO は、そのリターンが商品・サービスとなることから多額の資金を集めることは難しい。募集形式においては、FAAVO はオールオアナッシング形式であるため、募集金額を達成できなかった場合はファンド成立とはならない。

　募集費用ではセキュリテではファンド不成立であっても必要なのに対し、FAAVO では不成立の場合の費用はかからない。募集期間はセキュリテが長期間募集できるのに対し、FAAVO は最長 3 ヵ月である。したがって、FAAVO 飛騨・高山は、事業者の持ち出し費用が少なく、比較的小額の資金調達（目標金額の実績は 20 〜 100 万円）がしやすいことから、新商品や新サービスのテストマーケティングにも利用できるというメリットがある。

　平成 28 年 12 月現在、当組合では FAAVO 飛騨・高山を通じて 27 件のファンド募集を行い、うち 24 件が目標金額に達し組成を完了した。ファンドが成立した具体的な募集事例を羅列してみる。

・アレルギー対応スイーツで子供たちに笑顔を！ 専用菓子製造室を作りたい！
・つくって 学んで 遊ぼう！ 飛騨の魅力を再発見するフェスタを開催します！
・国内最高峰の舞台へ！ 女子ハンドボール BlackBulls 応援プロジェクト
・飛騨高山から平昌五輪へ！メダル獲得への挑戦!!
・飛騨高山の食材を活かしたグルメを召し上がれ！　第 2 回グルメグ

ランプリ開催！
・飛騨高山にコワーキングスペースをつくります！
・未来の地域の森林を担う子供たちへの森林教育プロジェクト！
・ずっと歌い継がれてきた「ひだのわらべうた」を100年先まで伝えていきたい
・飛騨高山を舞台にこころやさしくなる物語。映画「きみとみる風景」東京上映
・〔旅もじゃ〕飛騨高山の「お猿のくぅ」が愛するまちをPRするムービー制作！
・飛騨高山発！「NOKUTIE」で世界中のオフィスに「ぬくもり」を！
・地域活性化のため旧秋神小学校に染織体験教室を！
・飛騨高山にムスリム観光客を！ 世界に飛騨高山を広めよう！
・「飛騨弁の本」出版プロジェクト
・地元飛騨を楽しむファンマガジン「ひだびと。」5号プロジェクト
・「僕らはもっとブッ飛べる」飛騨の中高生により広い視野と可能性を！
・イケメンいわなの炭焼き1000匹ご用意！ 小坂いわな祭り応援プロジェクト

　どうだろう、地域に根ざした案件であり、共感を呼んだりワクワク感を感じないだろうか。ぜひ「セキュリテ」と「FAAVO飛騨・高山」で検索し、サイトをのぞいていただきたい。

第8章　融資月末残高の重要性

１．日本銀行の資金供給制度を活用する

　日本銀行の資金供給制度といっても、支店ではピンとこないかもしれません。しかし、この制度は融資を伸ばしていくうえで、実は極めて有用な制度なのです。

　日本銀行の資金供給制度とは、日本銀行が金融機関に対して各金融機関の貸出増加額に応じて、ゼロ％金利で4年間融資する制度です。大きく、成長基盤強化支援資金供給と貸出増加支援資金供給の2つの制度があります。その制度の趣旨は、金融機関の貸出増加や成長基盤の強化に向け、金融機関の一段の積極的な行動や企業・家計の前向きな資金需要を促すことにあります。この資金供給制度は、平成22年8月31日に第1回資金供給として、現在までにメガバンク・地方銀行・信用金庫に対して、巨額の資金供給が行われています。

　信用組合においては、日本銀行と取引がない、つまり信組は日銀の当座預金取引先かつ共通オペの対象先でないという理由のため、長らくこの制度が使えませんでしたが、現在は上部団体を通じて使えるようになっています。

２．成長基盤強化制度の仕組み

● 19項目の成長分野を規定

　成長基盤強化支援資金供給とは、日本経済の成長基盤に向けた民間金融機関の取組みを支援するために行う資金供給で、利用するためには「成長基盤に向けた取組方針」を策定する必要があります。

成長分野としては、次の19項目、①研究開発、②起業、③事業再編、④アジア諸国等における投資・事業展開、⑤大学・研究機関における科学・技術研究、⑥社会インフラ整備・高度化、⑦環境・エネルギー事業、⑧資源確保・開発事業、⑨医療・介護・健康関連事業、⑩高齢者向け事業、⑪コンテンツ・クリエイティブ事業、⑫観光事業、⑬地域再生・都市再生事業、⑭農林水産業、農商工連携事業、⑮住宅ストック化支援事業、⑯防災対策事業、⑰雇用支援・人材育成事業、⑱保育・育児事業、⑲税の特例（特定の事業のみを対象とするものを除く）に関する法律の規定のうち、事業の用に供する設備の取得等もしくは試験研究の実施を要件とするもの、または、雇用者への給与等支給額の増加を要件とするものの適用を受けているなど、設備・人材投資に積極的に取り組んでいると認められる者が設定されており、金融機関は、直前の四半期の新規実行金額（億円単位未満切捨て）を1億円単位で借入れすることができます。

●小口特則制度の活用

　また、成長基盤強化支援では、小口融資（100万円以上1,000万円未満の融資）を対象とした小口特則といった制度もあり、1件あたりの融資金額が小さい小規模事業者向けが多い信金・信組において、その活用が期待されるものです。

　例えば、筆者の所属する飛騨信用組合においては「成長基盤に向けた取組方針」において、その趣旨・目的を『当組合は、「地域金融を通じ、地域社会の発展に貢献します。」という経営理念の下に、地域経済の成長基盤強化を担う地域のお取引先企業のビジネスにおける最高のコンシェルジュとなるとともに、地域経済のさらなる発展に積極的に取り組んで参ります。』と定め、成長基盤分野は前期の19分野すべてを取り組むことにしました。

　具体的には、太陽光発電設備導入資金であれば、「⑦環境・エネルギー事業」に該当しますし、観光バス購入資金であれば、「⑫観光事業」に

該当します。道路舗装の公共工事に係る融資であれば、「⑥社会インフラ整備・高度化」に該当しますし、グループホーム、デイサービス事業所への融資であれば、「⑨医療・介護・健康関連事業」に該当します。

また、岐阜県では中小企業向けに県制度融資があり、その中に雇用支援資金というものがあります。それは、「⑰雇用支援・人材育成事業」に当てはまるので、そのような平成22年4月1日を始期とする過去の小口の制度融資を集計していけば、小口特則の制度も自ずと使えることになります。そして融資稟議書において、成長基盤強化の取組み番号と成長分野名、および該当理由を記載する欄を新たに設けることで、その証左を残しています。

3．貸出増加支援制度の仕組み

●貸出額の増加に基づき借入れが可能

貸出増加支援資金供給とは、金融機関の貸出額の増加（ただし政府、地方自治体、金融機関向けの貸出は対象外）に基づき借入れができる制度です。借入れの限度額は、直近の四半期の月末残高平均額から直近の四半期の直前の四半期までの各四半期における月末残高平均額のうち最大の数を控除した金額の2倍の金額相当額となります。

具体的に当組合でいえば、（平成27年1月控除対象後月末残高802億円＋2月末804億円＋3月末818億円）÷3＝808億円から（平成26年10月控除対象後月末残高793億円＋11月末798億円＋12月末799億円）÷3＝796億円の増加差額12億円の2倍である24億円が、この制度を利用して日本銀行から調達できることになります。

●貸出金のボリューム増加が不可欠

この貸出増加支援資金供給を活用するには、貸出金のボリューム増加が必要不可欠であり、毎月末の融資残高を意識する必要があります。支店に

おいては、今まで期末の融資残高は多少意識することはあったと思いますが、期中における毎月の月末融資残高を強く意識することはなかったと思います。

例えば、当座貸越における月末残高は、顧客任せの自然体でこれまで強く意識することはなかったと思いますが、この制度導入により債務者の資金ニーズに基づいた当座貸越の利用促進や、他金融機関より優先的に使ってもらうセールス行動をする必要が出てきます。

ただし間違ってもやってはいけないことは、支店の実績作りのために月末に資金需要もないのに借入れを要請する行動です。顧客ニーズに基づかないお願いセールスは、金融機関と取引先企業の根本的な信頼関係を壊すものですから行ってはいけません。

4．制度の積極的活用による融資推進

この制度は、融資を伸ばせば伸ばした分だけ日本銀行から無利子で資金を調達できるというものです。したがって、その資金を仮に0.3％で別途有価証券などでの運用ができるなら、他金融機関より0.3％の金利優位性を持つ融資ができるといえます。また成長基盤分野に該当する貸出については、本制度で調達できることを前提とした金利水準を考慮しての貸出増強を行うことができます。

支店では、この制度を積極的に活用することにより、主たる取引先である地域経済や雇用を支える中小企業・小規模事業者の芽を伸ばす融資行動をとることができるのです。

所属する金融機関では、どのようにこの制度を活用しているか一度確認してください。この制度を活用し融資を伸ばすことができれば、競争力を持った融資金利設定をお客様に提示することができますので、戦略的に融資を伸ばすことも可能となります。支店長はこの制度の趣旨および概要について理解しておく必要があります。

第8章　融資月末残高の重要性

<第8章のポイント>
・日本銀行の資金供給制度とは、日本銀行が各金融機関の貸出増加額に応じて、ゼロ％金利で4年間融資を行う制度であり、成長基盤強化支援資金供給と貸出増加支援資金供給などの制度がある。
・制度を活用している金融機関では、融資の毎月末残高の数字が重要となる。したがって、例えば本制度導入により債務者の資金ニーズに基づいた当座貸越の利用促進や、自金融機関を優先的に使ってもらうセールスをする必要が出てくる。
・ただし、間違っても支店の実績作りのために月末に借入れを要請してはいけない。顧客ニーズに基づかないお願いセールスは、金融機関と取引先企業の根本的な信頼関係を壊すことになる。
・本制度を戦略的に使うことにより、競争力を持った金利をお客様に提案できるケースが生まれ、融資残高増強に寄与することができる。

コラム5●融資に代わる取組み②～地域活性化ファンド（飛騨信用組合の事例から）

■飛騨・高山さるぼぼ結ファンド

　飛騨信用組合では、平成27年2月1日に地域活性化ファンド（名称：飛騨・高山さるぼぼ結ファンド投資事業有限責任組合）を設立した。このファンドは、飛騨・高山地域の活性化に資する事業を行う中堅・中小企業および事業者に対して、投融資（出資および社債引受等）を行うことにより、当地域における経済活力を活性化させることを目的として設立したもので、融資機能を代替・補完するものである。
　ファンドの名称にある「さるぼぼ」とは猿の赤ん坊という意味で、昔から飛騨地方では縁起の良いお守りとして使われていた。そこに地域で協力し合う、当組合と事業者が結びつくという意味で「結（ゆい）」を加えて「飛騨・高山さるぼぼ結ファンド」という名称にした。

では、ファンドの仕組みを説明しよう。投資事業有限責任組合とは、投資事業のみを目的とし、投資事業有限責任組合契約に関する法律に基づいて組織された無限責任組合員および有限責任組合員からなる組合のことである。無限責任組合員はGP（General Partner）と呼ばれ、組合の債務について、出資額にとどまらず（無限責任）、弁済の義務を負う。有限責任組合員はLP（Limited Partner）と呼ばれ、組合の債務について、出資額を限度（有限責任）として弁済の責任を負う。

　ファンドの組合員は、飛騨信用組合、ひだしんイノベーションパートナーズ（株）（飛騨信用組合が新しく設立した100％子会社）、全国信用協同組合連合会、REVICキャピタル（株）（地域経済活性化支援機構（REVIC）の100％出資会社）の4社で構成される。ファンドを運営する会社（GP）を、ひだしんイノベーションパートナーズ（株）とREVICキャピタル（株）が担い、出資者（LP）は、ファンド総額5億円のうち飛騨信用組合が4億円、全信協連が9,000万円、GPであるREVCキャピタル（株）とひだしん子会社が各々500万円ずつの割合で出資を約束する。

　GPを飛騨信用組合本体ではなく設立した子会社がなるのは、GPは無限責任を負うため、飛騨信用組合の直接的なリスクを遮断しておく必要

＜ファンドスキーム図＞

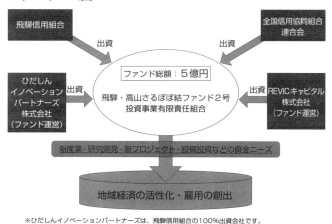

※ひだしんイノベーションパートナーズは、飛騨信用組合の100％出資会社です。
※REVICキャピタルは、地域経済活性化支援機構の100％出資会社です。
※全国信用協同組合連合会は、全国の信用組合の系統中央金融機関です。

があるからである。またREVICが個別の信組と連携するのは初めての
ケースであり、ファンドはREVICが持つノウハウ、目利き力を活用する。

■ファンドの具体的内容

　第1号ファンドは総額5億円で、その存続期間は7年である。投資する案件がある都度、出資者（LP）からファンドに、出資割合に基づいて出資をしてもらう。ファンドは地域活性化に資するものであれば、何でも投資できる建付けになっている。具体的な投資対象としては、新規プロジェクト・創業資金、研究・開発資金、設備投資資金、株式取得（地域において将来上場する可能性がある会社の株式を取得する）、債権購入（他行の不良債権を時価で購入することも可能で、事業再生目的でも使うことができる）などを想定している。

　投資は主に社債の形式で行う。なぜなら社債の場合、事業が安定するまで元金返済が不要だからである。創業や研究開発が資金使途の場合、資金を調達しても、すぐに元金返済が始まると資金繰りが苦しくなる。借り手には、事業が軌道に乗り資金に余裕ができてから返済を開始したいというニーズ、研究・開発が長期にわたり、開発商品の販路拡大にも時間がかかるので返済は後回しにしたいなどのニーズがある。そこでこのファンドを使えば、一定期間の元金返済がないので資金繰りが安定し、将来の償還期限到来時には、蓄積した利益による一括償還をしてもいいし、当組合の融資に切り替え長期返済を選択するのもいい。

＜ファンドの想定事例＞
　例えば、飛騨高山の町屋を改築して宿泊・飲食業を開業したい事業者がいたとする。まずGPがその事業計画の実現可能性・収益性などを検討し、投資に値するとの判断がなされるとファンドによる投資を決定する。GPは投資条件を個別に決め、例えば投資金額5,000万円、金利6％で6年後一括弁済の社債で投資すると決定する。次にGPはLPに対し出資割合に応じた出資をキャピタルコールする。それに応じLPである

当組合は 4,000 万円、全信組連は 900 万円、当組合子会社は 50 万円、REVIC キャピタルは 50 万円の出資をする。そのファンド投資期間に GP はハンズオン支援を行い、事業者の経営を軌道に乗せるお手伝いをする。そこには国の機関である REVIC の専門家支援も得ることができる。そして 6 年後、当組合が事業者に対し、社債返済資金を金利 2.5％ 返済期間 10 年の融資をして事業者はファンドに返済をする。当初ファンドでお金を出して、出口では通常の融資に切り替えるという図式である。

投資先のメリットとしては、ファンドの投資期間は、元金返済が不要なため資金繰りが楽になる。したがって、このような創業資金には最適である。この場合事業者は、金利 6％の価値と一定期間返済不要で資金繰りの安定およびハンズオン支援の価値とを天秤にかけることになろう。また、当初からファンドと融資を組み合わせて推進することも可能である。

■上部団体との協働

信用組合の上部団体である全信組連は、平成 26 年 11 月に信用組合機能を一部補完する形で地域活性化に資する、創業・起業支援や事業再生支援等によるリスクマネーを供給する新たな制度「中小事業者等支援ファンド向け資金供給制度」を創設した。この制度は、信用組合が子会社を設立（既存の子会社の活用も可）し、その子会社が運営する投資事業有限責任組合（ファンド）に対して全信組連が出資を行うスキームで、その第 1 号出資が本ファンドである。

全信組連のファンドへの出資には、①信用組合が単独あるいは外部機関とともに出資するファンドに対して、信用組合からリスクマネー供給にかかる要請があり、その内容が適切であり、かつ全信組連の健全性等の観点から妥当であること、②対象事業者・プロジェクト等の事業内容が、当該地域経済の活性化に資する取組みであること、③信頼性の高い第三者とみなせる外部機関によるスクリーニングを経ることの条件があ

り、本ファンドは地域活性化のためのファンドであること、REVIC が関与することなどにより、基本的にその条件を満たすことになる。このように全信組連の信用力、資金力、ネットワーク力を活用できるメリットもある。

■ファンドの投資案件

　飛騨・高山さるぼぼ結ファンドでは、平成 28 年 9 月現在で、6 件の投資を行っている。第 1 号の案件は、高山市の中心市街地を活性化する事業に投資を行った。地域活性化のために町中に屋台村を作るという案件で、社長がビズコンヒダに相談に訪れたのが始まりである。

　社長は屋台村についてよく研究されており、かつ非常にワクワク感のある案件であったが、メインバンクに相談したところ、このプロジェクトに前向きではないとのことであった。そこで、金利は少し高いものの、夢があり地域を活性化する案件であるので、ぜひ飛騨・高山さるぼぼ結ファンドで支援したいと申し出たところから実現した。

　「でこなる横町」（大きくなる横町）と名づけられたこの屋台村は、飛騨高山の新名所になりつつある。観光客ばかりか地元の人も集まっており、各お店（飛騨とらふぐの天麩羅、ハワイの郷土料理、ぎょうざやたこやきの専門店、寿司バー、焼き鳥、ワインバー、中華そば、射的や手裏剣道場など）も大変なにぎわいをみせている。新規出店の人の資金支援も事業計画作りとともに飛騨信用組合が積極的に支援しており、創業融資の取扱いも増えている。

　第 2 号投資案件は、「飛騨とらふぐ」である。飛騨牛に次ぐ飛騨地域の新しい特産品を育てようというプロジェクトに投資をした。これは株式会社飛騨海洋科学研究所が養殖している「飛騨とらふぐ」の養殖場の新設に投資を行った。飛騨でふぐ料理が安く食べられる、これも大変ワクワク感がある案件で、地域を爆発的に活性化できるのではないかと考え、地域活性化ファンドで取り組んだ。

　このように飛騨信用組合は、融資とクラウドファンディングと地域活性

化ファンドを使い分け、いわゆる CSV 経営（Creating Shared Vaiue：共有価値の創造と呼ばれる経営コンセプトで、社会的な価値と企業にとっての価値を両立させて、企業の事業活動を通じて社会的な課題を解決していくことを目指す経営理念。マイケル・E・ポーターなどにより2011年に提唱された）ならぬ CSV 融資を駆使して、閉鎖的な地域経済にインパクトを与えている。

　その後、地域活性化ファンドは順調に投資が積み上がり、28年6月には、第2号ファンドを設立することができた。今後は成功事例を積み重ね、やがてはこの地域でのビジネスモデルを広域に拡げて、さらなる地域経済の活性化に資することができたらいいと考えている。

第9章 マイナス金利と融資の現場

1．日本銀行の思惑とは

　マイナス金利政策で日本銀行が金融機関に期待することは、およそ次のようなことと考えられます。

　金融機関にはマイナス金利政策で資金を潤沢に流したので、支店に対しては、融資増強の大号令がかかるだろう。支店では、積極的に企業の資金需要を発掘する行動をとり、顧客に融資提案をするだろう。併せて一時的に赤字や債務超過に陥った経営難の中小企業（要注意先）にも、積極的に成長融資を供給するようになるだろう。その一方で、他金融機関と融資の取り合いになるので、必然的に融資金利はどんどん下がっていくだろう。低金利での融資は企業にも大きなメリットがあるはずなので、どんどん借りるだろう。

　住宅ローンはすぐに金利が低下するだろう。またメディアが取り上げやすい分野だから、パブリシティ効果で世の中に与える影響は大きいだろう。低金利かつ消費税増税前に住宅を建築しようとする人たちはかなりいるから、住宅業界は活況を呈すだろう。住宅建築は、すべての業界に何らかの関わりがあることから、住宅建築が増えれば景気の底支えになるだろう。こうしてマイナス金利政策で、金融機関の融資は大きく増加し、経済が活況化しインフレになっていくだろう。

2．支店行職員の思っていること

　一方、マイナス金利政策で、支店の一般的な行職員が思っていることは、次のようなことと思われます。

マイナス金利政策をとっても、支店の融資は大きく増えることはありません。なぜなら、マイナス金利政策導入前から、これだけ融資に積極的に取り組んでいるにもかかわらず大きく伸張しないのは、そもそも企業に資金需要がないと思われるからです。マイナス金利となったからといって、すぐさま資金需要が発生するわけではありません。特に地方の中小企業には、引続き大きな資金需要は考えられません。

　また、いつまで自らの支店の収益を圧迫する低金利での融資を、積極的に推進しなければならないのでしょうか。他金融機関との金利競争となれば受けて立たざるを得ませんが、そうなると、融資は増えず金利だけ下がるといった事態になり、支店の収益は上がりません。

　一方で資金需要がある先は、一時的に赤字や債務超過に陥った経営難の中小企業（要注意先）かもしれませんが、リスクを積極的に取りにいくにはこの低金利の局面ではリターンが少ないし、事業性評価で技術力・成長性を見極めろといわれても、それもなかなか難しい。ここで無理にリスクを取って将来リスクが顕在化したら、それ見たことかといわれるだろう。

　個人ローンについては、頑張れば住宅ローンを中心に融資残高は増えるかもしれないが、それは住宅ローンやアパートローンの低金利での肩代わりが主となるだろう。一体いつまで不毛な肩代わり合戦を続けなければならないのだろうか。

3．本当の融資の現場力とは

●金融機関は事業性評価を求めている

　この相反する思惑を解決し融資を伸ばすには、どうしたらよいでしょうか。金融庁が「金融行政方針」に基づいて、2015年10月から行っている企業ヒアリングに、その答えがあるかもしれません。

　企業ヒアリングにおいて、「メインバンクに期待することは何か」（複

数回答可）という質問があります。それに対して、一番多かった回答は「自分の会社の事業に対する理解」、2番目は「業況が厳しいときでも安定して融資してくれる姿勢」、3番目は「情報提供・経営支援アドバイス等のサービスの質」、4番目は「融資の金利」、5番目は「融資決定のスピード」でした。

　筆者は、融資を伸ばす秘訣として、第1章で、まずはスピード、次はメイン化、そして新規融資の推進、やがては相談と述べましたが、これはまったく金融機関側の勝手な論理です。企業側から見ると、まずは事業に対する深い理解、次に雨の日に傘を差し出す姿勢、そして相談、やがては金利、さらにはスピードです。このことから、金融機関と企業の考え方に大きなミスマッチが生じていることが分かります。私たちが、まずこれを反省しない限り、真の企業支援は独りよがりのものになってしまいます。

　金融機関が企業から求められているのは、アンケートによるとやはり事業性評価です。それを行うには企業への訪問頻度を増やし、事業の内容を理解しようとする行職員の真摯な姿勢が必要です。それはまさしく金融機関の存在意義そのものですが、私たちはいつの間にか忘れてしまいました。

　支店では、例えば渉外担当者は取引先に集金訪問することも必要ですが、もっと工場・倉庫・店舗をのぞいてみることが大切だと思います。そして、社長ともっと経営についての話をすることだと感じます。

●雨が降ったら傘を差し出す姿勢が大切

　大手銀行は市場から資金調達できるので、びっくりするような融資金利の提示が可能です。一方、中小金融機関は資金調達が預金オンリーなところが多く、預金利回りと経費率を足した預金コストは、かなり高いものとなっています。したがって、大手銀行と融資金利競争になったら勝ち目はありません。

では対抗できるものは何かというと、それは「雨が降ったら傘を差し出す姿勢」です。
　「たとえ金利攻勢で他金融機関に融資が移ったとしても、お取引を残していただいた取引先には、うちは何があっても、最後までお付き合いしますから、安心してください」。そうした金融機関の経営陣と支店長の強いコミットメント（責任を持った約束）が必要で、それが支店にまで徹底できている金融機関が、本当の意味での融資現場力があるのではないかと筆者は思います。

4．求められる経営不振先への新規融資

●要注意先以下への融資はありえない？

　マイナス金利政策で融資競争が激化しています。そうした状況において、支店では他金融機関の肩代わりに終始するのではなく、要注意先にも融資アプローチし、真水を増やす発想で新しい収益機会を求める必要があるのです。そこで、経営不振先であっても新規融資のアプローチ対象になるのはどんな先かを考えてみましょう。

　各々の金融機関によってその基準・引当率は違いますが、貸倒引当率は、要注意先は5％程度、要管理先は15％程度、破綻懸念先は70％程度といわれています。つまり融資を実行したとたんに、これだけの貸倒引当金を積まなければならないのです。現在の低金利の時代に、この数字以上の融資金利を確保するのは難しいと思われますので、貸倒引当率だけから見ると、要注意先以下に融資を取り組むことはあり得ないという発想になってしまいます。

　また一般的には、その他要注意先にはある程度担保・保証がなければ融資は難しく、要管理先には担保・保証でフルカバーでないとほぼ新規融資は見込めなく、破綻懸念先にはそもそも新規融資は難しいと考えられています。

●事業性が評価できればアプローチは可能

　では、信用リスク面から経営不振先に対する新規融資アプローチについて、どう考えたらよいのでしょうか。現実的には、引当と融資アプローチとを切り離して考えなければ、経営不振先の融資に取り組むことはできません。

　そこで支店長は、債務者区分や引当は過去の財務内容による結果に過ぎないと考え、現在もしくは将来の事業性が評価できれば、たとえ経営不振先であっても、新規融資アプローチは可能であるという発想を持ち、取り組む必要があると考えます。

5．経営不振先の新規融資の対象となる先とは

（1）一時的に赤字や債務超過に陥った経営不振先

　金融庁の「新規融資や経営改善・事業再生支援等における参考事例集」や「金融検査結果事例集」には、経営不振先に対する新規融資の好事例がいくつか掲載されています。

　そのなかの「債務超過先に対する新規融資も含めた経営改善支援」では、主力販売先の倒産に伴う不良債権の発生などで一時的に赤字となり債務超過に陥った先に対し、販売する商品の商品性の高さ、自社製品の販路確保と非効率な工場ラインの改善による業績回復は可能と判断し、30百万円の新規融資に対応したという事例があります。商品性の高さや販路確保、工場の改善を評価したことで経営不振先の融資を可能としています。

（2）条件変更先に対する新規融資

　次に、条件変更先に対する新規融資の好事例を2つピックアップします。

　1つ目は、景気低迷による売上高減少が原因で経営不振先となり条件変更を実施した先において、モニタリングを継続するなかで、夏場の季

節資金申し出があった事例です。その取引先は業歴も長く、一定ボリュームの顧客を有し販路が安定していたうえに、情報開示等も十分に行われており、決済の確実性が確認できたことから、30百万円の新規融資に対応したというものです。

2つ目は、自動車部品加工業者で、新規受注の獲得等により売上高を増加させているものの、受注先からの単価抑制により、粗利の確保が難しい状況にあり、条件変更に応じている先の事例です。条件変更先からの機械購入資金や工場増築に係る融資申込みについて、保全不足が拡大するものの、経営支援活動によって把握した高い研磨技術等を評価して、プロパー融資で応需し、生産効率の工場や原価率の改善を図ったというものです。

この2つの事例に見られるように、たとえ条件変更先であっても、モニタリングのなかで販売力・技術力を高く再評価することで、新規融資アプローチ対象先となる事例です。

（3）債務者の債務償還能力の向上に資すると判断できる場合

新規融資により、新たな収益機会の獲得や中長期的な経費削減等が見込まれ、それが債務者の業況や財務等の改善につながることで、債務償還能力の向上に資すると判断できる場合も、新規融資アプローチ先となります。

具体例としては、「塗装業を経営する債務者は、生産設備の老朽化による製品ロスの発生や売上の減少により連続赤字決算になっている。こうしたなか、債務者の製造原価の改善や製品ロスの解消を図るため、機械設備更新を助言したうえで、機械設備資金の新規融資に応じるとともに、月次訪問による経営指導を継続した結果、製品ロスが激減し、当期利益が黒字転換するなど業況が回復した」という事例です。

経営不振先に戦略的な融資を実行することで、将来の経営・財務改善につなげるという、逆からの融資アプローチも新たな視点です。

（4）知的資産経営報告書・事業価値を高める経営レポートの作成ができる先

　知的資産とは、従来のバランスシート上に記載されている資産以外の無形の資産であり、企業における競争力の源泉である人材、技術、技能、特許・ブランドなどの知的資産、組織力、経営理念、顧客とのネットワークなどの経営資源の総称です。これは事業性評価の概念に限りなく近いものであり、自社の強み・弱みを明らかにすることで経営課題が明確化し、それの対処方法が策定できることから、そうしたレポート作成先も新規融資アプローチ先といえます。

　中小企業基盤整備機構では、知的資産経営報告書の作成をサポートしており、作成マニュアルの配布をしています。経営不振先と知的資産経営報告書を取引先と一緒に作成することで、新規融資アプローチに結びつけることも可能となります。

6．短期継続融資を活用する

　経営不振先への新規融資をアプローチする際に、取引先の実態把握を可能とする融資形態があります。それがABLと短期継続融資ですが、ABLは第2章で詳しく説明しましたので、ここでは短期継続融資を説明します。

　短期継続融資とは、無担保・無保証の短期融資で、書替え時には債務者の業況や実態を適切に把握してその継続をするもので、手形貸付の形式で行います。支店長であれば手形貸付のころがし、すなわち「短コロ」という呼び名で、手形貸付の継続をしていたことを覚えていることでしょう。

　短コロは、2002年の金融検査マニュアル改訂により条件緩和債権に該当するのではないかとされ、金融機関はそれを担保・保証付の長期融資に徐々に切り替えるという行動をとりました。しかし、2015年のマ

ニュアル改訂で再び認められることとなりました。

　短期継続融資は、正常運転資金（一般的には「売上債権＋棚卸資産－仕入債務」で算出されますが、業種や事業により様々）の範囲内で、手形貸付を継続する度に取引先企業の業況を把握し、試算表・資金繰り表などの実態把握を行ったうえで、その継続の可否を決定するものです。短期継続融資は、実質的に元本の返済がないことから、疑似資本に近い効果を持つ有効な融資であり、経営不振先に適した融資形態であるといえます。

<第9章のポイント>
・日本銀行の思惑と融資の現場ではミスマッチが起きている。
・企業が求めているのは、まずは事業に対する深い理解、次に雨の日に傘を差し出す姿勢、そして相談、やがては金利、さらにはスピードである。
・支店長は、債務者区分や引当は過去の財務内容による結果に過ぎないと考え、現在もしくは将来の事業性が評価できれば、たとえ経営不振先であっても、新規融資アプローチは可能との発想を持ち取り組むことが重要である。
・経営不振先であっても、商品性の高さ、販売力・技術力の高さ、将来性などが評価できれば、新規融資の対象となる。
・経営不振先の新規融資にはABLと短期継続融資が適している。

コラム6●フィンテックと融資の現場

■フィンテックと金融庁

　フィンテックとは、ファイナンス（金融）とテクノロジー（技術）を組み合わせた造語で、金融とIT技術の組み合わせによる金融サービス関連のイノベーションのことをいい、今では金融の中心キーワードに

なっている。メガバンクでは、すでに2015年の夏頃に専門部署を設置して力を入れているが、支店では、いまいちピンとこないというのが実態ではないだろうか。

金融庁では、2015年9月の「金融行政方針」でフィンテックについて「FinTechと呼ばれる金融・IT融合の動きは、従来見られなかったような多様な金融サービスの提供等を通じて顧客利便の向上をもたらすとともに、金融業・市場の将来的な姿を大きく変えていく可能性を有している」と言及している。またスマートフォンでの金融取引等の決済サービスを起点に、人工知能（AI）による与信審査、投資アドバイスや資産運用の動きが拡がっており、金融業の「アンバンドリング化（これまでまとまって不可分だったものが、バラバラになっていく）」ともいうべき構造改革が見られているとの認識を示している。それを受けて、金融庁では2015年末に「FinTechサポートデスク」を設置している。

政府は毎年新たな成長戦略を策定するが、そのなかで金融分野の成長戦略ではフィンテックを柱にするといわれている。その動向は経済産業省のフィンテック研究会でつかむことができる。その議事および資料は公開される予定なので、経済産業省のホームページで情報を収集するとよいだろう。

このように、今後ますます金融業界にもフィンテックの波が襲ってくるが、それが単に流行で終わるのか、金融イノベーションに発展するのかは、正直言って現段階では不明である。しかし、フィンテックで融資の現場がどのように変わる可能性があるのか程度の知識を入れておくことは必要である。

■フィンテックが融資の現場に与える影響

フィンテックが金融機関に直接関係する分野としては、決済・融資・資産管理・為替・クラウドファンディング・保険などがある。では、支店でのフィンテックとは、どんなことが考えられるだろうか。

融資のフィンテックといえば、普通に思い浮かべるものが、融資を受

けたい人とお金を貸したい（投資したい）人とのネット上でのマッチングである。この点に関しては、クラウドファンディングですでに実現している。クラウドファンディングはフィンテックの一種であると認識されている。クラウドファンディンクについては、第7章のコラムを参照願いたい。

　支店での融資審査にフィンテックが取り入れられたらどうなるか。例えばTKCでは、モニタリングを支援するTKC金融機関向けFinTechサービスを始めている。これは、TKCの会員税理士事務所がその顧問先の委託に基づいて、決算書・月次試算表等をインターネットで金融機関に提供するサービスである。これにより今までは決算書はお客様から取り受けていたが、このサービスを利用すると、お客様の最新情報がインターネット経由で取ることができるようになる。

　次にビッグデータを活用して、スコアリング方式による自動融資も考えられる。ビッグデータを利用することで、従来、融資実績のない顧客層を発掘し、高収益の融資をすることができるかもしれない。しかし、金融業界は過去にスコアリング方式による一般融資で痛い目に遭った経緯があるので、多少の拒絶感があるかもしれない。

　また、融資の審査で使う情報は、顧客の財務データと足で集めた定性情報であり、これをフィンテック取扱いのベンチャー企業に一律に情報提供することは、守秘義務の観点等から困難かもしれない。情報提供は、個別の融資先で了解を得られれば可能なので、創業支援や企業再生、顧客のメイン化の場面では、フィンテックを活用した融資取組みは可能かもしれない。

　逆に融資を伸ばす、すなわち売り込むという視点で考えれば、自己査定システムと連動させて、どの取引先にいくらまで、何％の金利でといった事前の与信判断に基づいて、自動融資を提供するというフィンテックが考えられるかもしれない。

　ニッキン2016年3月4日の一面に、「三井住友銀　法人の融資契約を電子化」という記事が出た。その内容は、ウェブで融資契約手続が完

結でき、印鑑に代えて電子署名を採用し、法人融資のペーパレス化を実現する電子契約サービスを、2016年夏にも国内全拠点に拡大するというものである。これは融資先と面談し、借入意思を確認したうえで印鑑を押すという金融常識を覆すもので、融資手続面でのフィンテックといえるものである。こうしたフィンテックによる業務イノベーションは、支店にも急速に普及してくるかもしれない。

　また、事前与信判断と融資契約の電子化を組み合わせて個人ローンにも応用すれば、スマホにより非対面で手続きが完結するといったことも十分可能となる。このように、フィンテックで個人ローンに対する考え方は大きく変わることも想定される。

第10章　信用保証協会の活用方法

1．年々減少する保証債務残高

　支店においては、信用保証協会付保融資（以下「付保融資」という）は、融資の基本中の基本でしょう。しかし今、融資の現場では付保融資に異変が起きています。

　信用保証協会は、中小企業・小規模事業者にとって、保証人として金融機関からの借入れをサポートする公的機関として重要な役割を果たしています。その保証債務残高は、平成27年度は25兆7,616億円でしたが、近年では平成21年度の35兆8,506億円をピークに年々減少し、平成24年度からは年率約7％程度の割合で減少しています。

2．信用保証協会事業の基本理念とは

ではここで、信用保証協会事業の基本理念を見てみましょう。

「信用保証協会は、
1．事業の維持・創造・発展に努める中小企業者に対して、
2．公的機関として、その将来性と経営手腕を適正に評価することにより、企業の信用を創造し、「信用保証」を通じて、金融の円滑化に努めるとともに、
3．相談、診断、情報提供といった多様なニーズに的確に対応することにより、中小企業の経営基盤の強化に寄与し、
4．もって中小企業の振興と地域経済の活力ある発展に貢献する。」

第10章　信用保証協会の活用方法

　融資の現場が、時代の変化やその要請に応じて大きく変わっていることや、金融とITとの融合であるフィンテックなどの新しい考え方がでてきていることを踏まえると、本来基本理念は変えるべきものではないという考え方があるにせよ、一読すると、何とも古い感じがして、基本理念を含めた存在意義が時代に合わなくなっていると思うのは、筆者だけでしょうか。

3．金融機関の利ザヤ縮小が原因

●プロパー融資による肩代わりが原因

　このように、近年保証債務残高が激減している背景は、信用保証制度が時代に合わなくなってきているのか、金融機関における信用保証協会離れが起きているのか、もしくはアベノミクスによる景気回復に伴った保証不要案件が増えているのかと考えがちです。

　しかし、融資の現場を見ていると、日本銀行の量的・質的緩和政策で金利が低下し、金融機関の利ザヤが縮小したのが原因の一つだと感じます。すなわち、金融機関は融資残高の増強を求められており、一方で新規の融資需要が少ないとすると、その融資行動は他金融機関の肩代わりに向けられます。そこで行われることは、他金融機関の付保融資をプロパー融資で肩代わりをするという行動です。

　付保融資肩代わりの際は、信用保証料の戻りがあるので、債務者にとっては実質的な融資金利の引下げとなるメリットがあります。金融機関にとっては肩代わりでメインバンクとなると、メイン先としての運転資金に対応しなければならないリスクが想定されますが、その場合はプロパー融資ではなく、肩代わりで空いた信用保証協会の融資枠を利用できればそのリスクは少なくなります。このように融資の現場では、付保融資をまずプロパー融資で肩代わりしている実態があり、それが付保融資の大きな残高減少を来している原因だと思われます。

●薄れる付保融資推進のメリット

　また、信用保証協会における融資審査にも保証債務残高が伸びない理由があるのではないのでしょうか。その基本理念に「公的機関として、その将来性と経営手腕を適正に評価する」とありますが、実際の審査過程は公的機関としてではなく、民間の金融機関と同じような審査をしていると感じます。また、審査のスピードが金融機関より格段に遅く感じるのも問題だと思います。

　金融機関における付保融資のメリットは、自己査定上非分類であること、優良保証であること、自己資本算出のうえでのリスクウェイトが低いことなど、本部サイドのメリットはありますが、支店サイドのメリットとしては、融資にあたって担保評価の掛け目が多少甘いくらいしか思いつきません。もはや事業性の評価が強く求められ、担保・保証に依存しない融資を推進している金融機関としては、新規先のリスク軽減を考えた付保融資をする以外に、積極的に付保融資を推進するメリットがないというのが本音ではないでしょうか。

4．中小事業者には負担となる信用保証料

　付保融資を行うにあたっては、債務者は信用保証料を払わなければなりません。その保証料率は、中小企業信用リスクデータベースを基本活用し、そこに定性情報などを加味して、責任共有保証料率は1.90〜0.45％の範囲で、責任共有外保証料率は2.20〜0.50％の範囲で、それぞれ9段階に区分されています。

　ちなみに、中小企業信用リスクデータベース（CRD（Credit Risk Database））は、中小企業・小規模事業者の経営データ（財務・非財務データおよびデフォルト情報）を集積したもので、「一般社団法人CRD協会」（2001年3月設立、会員構成は2016年4月現在、信用保証協会51、政府系金融機関3、民間金融機関114、格付機関等7となっている）が算

出しています。

一方、日本銀行発表による貸出約定平均金利は、国内銀行（都市銀行・地方銀行・第2地方銀行）の2016年10月新規ベース総合金利が0.779％、信用金庫のそれが1.844％となっており、融資金利水準に相当する信用保証料の負担は、中小企業・小規模事業者には相当な負担です。ここにも保証債務残高が減少している原因があるものと考えられます。

5．信用保険機能とは

信用保証制度は、中小企業・小規模事業者の債務を保証する信用保証機能とこれを国（日本政策金融公庫）が再保険する信用保険機能が連結したものです。ここで、信用保険機能について理解を深めておきます。

信用保証協会付保融資を受けた債務者が、融資の返済が滞り期限の利益を喪失した場合、信用保証協会が債務者に代わって金融機関に代位弁済します。その後信用保証協会は、代位弁済額の70～90％を保険金として、日本政策金融公庫から保険金として受領します。これが信用保険機能です。すなわち、この信用保険機能により信用保証協会自体の最終負担額は、代位弁済金額の30～10％となります。

信用保証協会には、代位弁済後の求償債権の回収に努めなければならないため、求償権を行使して回収できた場合は、保証協会と国（日本政策金融公庫）が按分回収することになります。

6．支店における付保融資の活用方法

●借換保証制度を利用した一本化

付保融資残高は減少していますが、地域金融機関は中小企業金融の基本というべき付保融資をおろそかにはできません。ここでは、支店でどのように付保融資を推進するかを考えてみます。金融円滑化法が終了し

て久しいですが、未だ条件変更を繰り返している債務者が多くいます。そんな取引先に提案したいのが、マル保融資の一本化です。

マル保融資の一本化とは、返済期限のバラバラな複数の借入金をまとめ、新たな長期の融資期間を設定することにより、取引先の毎月の返済負担を軽減することです。この一本化を進めるにあたって、信用保証協会には借換保証制度があります。借換保証制度とは、中小企業・小規模事業者を巡る厳しい金融経済情勢環境のもと、信用保証付きの既存融資の借換えや、借換えに伴う新たな事業資金に対する信用保証を促進することで、返済額の返済による資金繰り支援、資金調達の円滑化を推進することを目的とした保証制度です。

●付保融資の肩代わりに活用する

例えば、融資取引先に、付保融資残債960万円（期限残り2年、毎月返済額40万円）と付保融資残債2,160万円（期限残り3年、毎月返済額60万円）があったとします。そこに既往の付保融資について新たな保証付き融資に借り換える借換保証制度を使った融資を提案します。新たな事業資金については1,080万円増額し、借換保証4,200万円、期限は8年、返済は1年据え置きでその後毎月50万円、7年返済の条件で信用保証協会に申し込みます。

無事に審査が通ったら、1年間は元金返済据え置き、2年目以降は今まで毎月100万円だった返済が毎月50万円に軽減され、さらには新規の事業資金として1,080万円の調達ができることになります。取引先は資金が調達できるうえに、毎月の返済額が軽減され、支店としては付保融資残高が増えることになります。既存の付保融資のある取引先を、こうした視点で掘り起こしてみたらどうでしょうか。

この借換保証は、他金融機関の保証付き融資を一本化したり、異なる信用保証協会が保証している融資を一本化することもできることになっています。支店で目端の効く渉外は、他金融機関の付保融資肩代わりで

成績を上げることができるでしょう。

7．検討が進む信用補完制度の見直し

　現在、責任共有制度のあり方、セーフティネット機能のあり方、保証料・保険料水準等の検証、信用保証協会の業務のあり方、地方創生への貢献・経営支援・海外展開等など、信用補完制度の見直しが検討されています。

　責任共有制度とは、信用保証協会が80％、金融機関が20％と適正に付保融資の責任を共有する制度のことです。この制度では、一律80％とするのではなく、例えば創業期には手厚く保護し、企業の成長とともに徐々に金融機関の責任割合を高めるなど、企業のライフステージにおいて、金融機関と信用保証協会が適切にリスクシェアリングすることが検討されています。

　信用保証協会の歴史を紐解くと、信用保証協会はわが国が第2次世界大戦で一度リセットされた経済環境のなかで、産業復活のために生まれてきたものです。その後高度成長期において産業・経済の成長に大きな役割を果たし、安定成長期・低成長期にはセーフティネットとしての役割を確実に果たしてきました。しかし、これからの時代に、信用保証協会は柔軟に時代に対応することができるのでしょうか。それとも硬直化した組織のままその役目を終えることになるのでしょうか。

　支店においては、小規模事業者や創業者にとっては、まだまだ信用保証制度はその役割を果たしています。また、リーマンショックや大震災などの有事には、セーフティネットとして信用保証協会の果たす役割は大きいでしょう。そうした点を残しながら、中小企業・小規模事業者と同様の事業を行っているNPO法人への積極的な保証や、色々と制約はあるでしょうが、農業事業者融資への付保などにも途を拡げてもらえると、信用保証協会の新たな存在意義が出てくると筆者は考えます。

8．反社会的勢力への融資の諸問題

　近年における金融機関と信用保証協会との間に、付保融資において事後的に債務者が反社会的勢力であることが判明した場合、その保証契約につき錯誤無効が認められ免責となるかという争いがありました。その争いについて、2016年1月12日、最高裁は錯誤無効を否定した判決、すなわち「金融機関が事前の調査義務を果たしていれば保証は原則有効」との判断を下し、控訴審に差戻しとなりました。これは金融機関側にとって歓迎すべき判断です。

　ただし、判決をよく読んでみると、金融機関と信用保証協会相互に債務者が反社会的勢力であるか否かについて、その時点において一般的に行われている調査方法等に鑑みて相当と認められる調査をすべき義務を負うとしており、金融機関と信用保証会社の双方に相当の調査義務を負担させることになっています。その観点からすると100％保証は有効とは言い難く、事例の内容によってはある程度の責任共有を図りなさいと読むことができます。

　金融機関においては現在、反社会的勢力取引廃絶に向けて、取引の入口段階で調査を行っています。しかしその調査方法は、金融機関によって程度に差があるのも事実です。本件差戻しの控訴審において、相当の調査義務というのがどの程度のものでか、そのメルクマールが出てくると思われますので、まだまだ興味はつきない問題といえます。

＜第10章のポイント＞
・付保融資残高は年率約7％の割合で大きく減少傾向にある。
・支店では他金融機関の付保融資をプロパー融資で肩代わりしている。
・条件変更先にはマル保融資の一本化を推進する。
・現在、信用補完制度の見直しが検討されている。

第11章　支店で取り組む個人ローン推進

1．法人融資に偏重した戦略の反省

　筆者の所属する飛騨信用組合では、平成24年3月末の融資残高768億円から平成28年3月末の968億円と、4年間で約200億円融資残高を増強できました。それはスピード決裁体制と法人融資先のメイン化など、融資ボリューム拡大戦略を進めてきたことで実現したものです。
　しかし一方で、貸出金利息収入の推移を見てみると、平成24年3月期の17億24百万円に対し、平成28年3月期は17億39百万円と、わずか15百万円しか増加していません。つまり融資残高は大きく伸びたものの、貸出金利息収入は微増に終わった訳です。4年間の努力の結果がわずかの貸出利息収入増にとどまり、そこにかけた莫大な人的パワーを考慮すると愕然とします。
　その主な要因は、ボリューム重視の低レートによる法人融資の推進にあります。融資残高増強による地域経済の活性化、貸出資産の入れ替えによる資産良化など、目に見えない効果はあったとは思いますが、利益を追い求める経営の視点から見れば、法人融資偏重の戦略は正しかったとは言い難い結果です。多くの支店長もこのように感じているのではないでしょうか。

2．求められる住宅ローンの推進

　では、貸出金利息額を上げるにはどうしたらよいでしょうか。それには、高金利商品である個人ローン推進がカギとなります。
　個人ローンには大きく分けて「住宅ローン」と「消費者ローン」があ

ります。個人ローンの中心は住宅ローンですが、住宅ローンは法人融資同様、金利競争が激しい商品です。なぜなら、顧客の住宅ローン選択行動の一番は金利だからです。

顧客がどこの金融機関で住宅ローンを借りるかといえば、一番金銭的メリット（手数料の減額・免除なども含む）のある金融機関を選択します。「日頃お世話になっているから」という担当者が期待する借入動機などは、金銭的メリットの前にはひとたまりもありません。

したがって、住宅ローンを獲得するためには、相手より低金利を提示することが必要となります。ましてやマイナス金利政策の時代で、メガバンクの住宅ローン最優遇金利は10年固定金利で0.6％という水準（2016年12月現在）です。このような低金利競争に陥っている限り、住宅ローン単体に収益的なメリットはないでしょう。

●基盤商品としての位置づけは健在

しかし、住宅ローンは推進しなくていいわけではありません。なぜなら、現在の金利水準では実行時点では採算がとれないものの、クロスセルによる給与振込の獲得による家計のメイン化、関連預金の獲得、その後のライフイベントごとに発生する資金需要に応じたローンセールス、将来の退職金・年金につながるなど、金融機関にとって基盤商品の位置づけにあるからです。そう考えると、担当者に「うちはどこよりも安い金利を提示できますよ」くらいのセールストークで、すべて獲得するくらいの気概を持たせてもいいかもしれません。

住宅ローンには、保証付とプロパーの大きく2種類があります。プロパーは保証料が不要なので、およそ0.2％程度の金利競争力があります。一方、プロパーで支店長が一番恐れるのはデフォルトでしょう。このデフォルト率を低く抑えるには、親族（親兄弟）の保証人をつける方法があります。事業性融資については第三者保証人を取り受けることはなくなりましたが、個人のローンについて制限はありません。

保証会社をつけないリスクを回避するには、金利を高く設定する方法と保証人を求める方法がありますが、筆者の経験則では、圧倒的に保証人を求める方法が有効です。それは地方へ行けば行くほど感じられます。債務者の心理として、保証人に迷惑はかけられないというプレッシャーは、かなり大きいものと推測されるからです。保証人といっても基本的に債務者の親族ですが、地方では債務者本人が破綻しても、保証人である親族が代位弁済をしたり、ローンを引き継ぐという行動はまだまだ健在です。

3．消費者ローンの推進手法

では、支店でどうやって消費者ローンを推進すべきか考えてみましょう。

筆者は以前、消費者ローンを推進した際に、個人ローンの推進を得意としている渉外係と電話セールスができる女性職員を集め、個人ローン推進研究会を立ち上げたことがあります。そのときは、まずメンバー各自の支店での成功体験を発表することから始めました。それをまとめたら、既存ローン先の顧客に電話して準備していたセールストークを行いながら、他金融機関の債務や家族構成などの情報を聞き出し、ヒットしたら来店誘導もしくは訪問するというものでした。

試しに研究会のメンバーで実践した結果、約1ヵ月で52件46百万円の消費者ローンが獲得できました。また付随する効果として顧客の様々な状況が把握できたうえ、住宅ローンの借り換えやリフォームの相談にもつながりました。

その結果から、過去に消費者ローンを実行した先に対してモニタリングし、ローン提案を繰り返すことで新たな申込みにつながること、過去の消費者ローン使用先には、おまとめローンを推進すると効果的なことが分かり、それに加え、電話セールスには女性職員を活用したらどうか

という意見が出たのです。

4．女性職員とのコラボによる推進

　営業のできる女性職員を育てるには、集合研修で知識を詰め込み、ロールプレイングで模擬経験を積ませ、実践してみるというのが一般的です。しかし、そうした研修では臨場感がなく、研修期間が過ぎればすべて終わりといった感になります。

　そこで、ロールプレイングの代わりにセールス話法をあらかじめ準備し、女性職員の隣りに研究会メンバーをつけ、実際の顧客に電話セールスを行う実戦形式にしました。支店で個人ローン推進担当の女性職員を選出し、隣で男性渉外がマンツーマンでセールス話法を教えながら実際の顧客に電話するのです。

　こうして女性職員による電話セールスを実施したところ、1ヵ月の消費者ローンの実行案件171百万円のうち、女性職員が38百万円獲得するという結果が出ました。38百万円という金額は、本格的に推進をする前の全支店の消費者ローンの実行金額と同程度でした。また、電話セールスは男性より女性の方がヒット率が高く、育て方次第で強力な戦力になることが分かりました。

　このように、支店で女子職員を消費者ローンの電話セールスに活用することは、大変効果があると考えられます。

5．新規先へのアプローチ手法

　消費者ローンにおいては、新規先は基本的に待ちの姿勢となります。そこで研究会では、新規先へのアプローチをどう行うか、つまり、どの顧客層に消費者ローンのニーズがあるかを考えることにしました。その結果、新規先アプローチ先として、

□直近6ヵ月間における預金平残50万円以下の先
□信販系の口座振替契約先
□過去5年間に消費者ローンを償還した先
□給与振込先で消費者ローンの利用がない先

をリストアップして推進することにしました。そこに住宅ローン融資先と現在消費者ローンを利用している先を加え、ダイレクトメール（以下「DM」という）を発送することにしました。

6．DMを活用した推進

　DMはただ発送するだけでは、ほとんど効果は見込めません。ヒット率を高めるには戦略が必要で、DM発送後には素早くフォローすることが不可欠です。
　DM戦略では、送った先に1週間をメドに電話でフォローする必要があります。まずは女性職員を活用して、電話セールストークのマニュアルを作るのが効果的でしょう。そして見込みのある先には、来店誘導もしくは渉外係を向かわせて成約に至らせます。
　しかし、DM戦略はフォローまでの費用対効果を考えると、収益に大きく貢献するかは疑問です。そこで、支店でDM発送後に徹底的なフォロー体制が構築できるかが、成否の鍵を握ると思われます。

7．アパートローンの推進

　アパートローンに関しては、住宅ローン戦略と基本的に同じ構図となります。アパートは建築後10年から15年経過すると入居率が悪くなってきます。逆に言えば、新築の案件は今後10年から15年もの間、デフォルトの確率は少ないということです。であれば、新築のアパートローンに関しても、入居者に対するクロスセルなど関連取引の拡大は必要です

が、どこよりも安い金利で積極的な融資推進を図るのも、融資拡大のひとつの戦略として成り立つと思います。逆に築15年を過ぎたアパートローンの肩代わりには注意が必要です。

　アパートローンでもうひとつ注意したいのが、郊外の物件です。少子高齢化が進むと、ますます都心部や市街地に居住が集中化します。不動産の地価動向も都心部と郊外とで二極化しています。ですから、郊外のアパートローンの肩代わりにも注意しなければなりません。

＜第11章のポイント＞
・貸出利回りの低下を貸出残高の増加でカバーしきれなくなっている。
・貸出金利息を稼ぐには消費者ローンを推進する必要がある。
・住宅ローンはクロスセルによる家計のメイン化を推進する。
・金利競争に対抗するにはプロパー個人ローンを活用する。
・消費者ローン既存先の深堀りには女子職員による電話セールスが効果的である。
・新規の消費者ローンを獲得するには信販系の口座振替契約先など、データベースを活用してターゲット先をリストアップする。
・アパートローンの肩代わりで注意したいのは築15年経過の郊外物件である。

コラム7●「住まいるカードローン」戦略（飛騨信用組合の事例から）

　飛騨信用組合には、住宅ローン利用者専用の「住まいるカードローン」というプロパーの個人ローン商品がある。この商品は、住宅ローンの低レートをカバーする位置づけにあり、極度額は300万円で取引状況に応じた4段階（7.7％　8.7％　9.7％　10.7％）の金利設定としている。また、過去の統計から飛騨信用組合における住宅ローンのデフォルト率が極めて低いことから、審査方法をスコアリング基準方式ではなく簡易フロー

方式(延滞や事故がない限りは原則設定可能)として顧客層の拡大を図っている。

筆者は先に住宅ローンは儲からないと書いたが、この「住まいるカードローン」を住宅ローンにセットすることで収益性がアップする。なぜなら過去統計によると、約3人に1人の割合で住宅購入後の様々なライフイベントに応じた資金需要が発生した際に、「住まいるカードローン」を利用するからである。金利設定が最低でも7.7％なのに加え、プロパー商品のため保証料を払う必要がなく、利用してもらうほど住宅ローンの低金利を補うことになる。また肩代わりされそうなときは、「住まいるカードローン」は返済条件となるため、肩代わり防止という隠れたメリットもある。

お客様にとっては、当座貸越なので利用しなければ金利負担は生じないうえ、急な出費への安心感につながるメリットがある。資金使途的には、家電購入などの資金需要にも対応することができ、景気変動により賞与が少なかった場合など、住宅ローンの延滞解消にも利用可能である。

セールストークは、「飛騨信用組合は住宅ローンのお客様に、暮らしの安心をセットします」と、暮らしの安心を売るのである。

コラム8●プロパー個人ローン戦略(飛騨信用組合の事例から)

貸出金利息額を上げるには、とりわけ平均金利8％程度を確保できる消費者ローンやカードローンを、いかに推進するかにかかってくる。

消費者ローン・カードローンには、保証付のものとプロパーのものがある。地域金融機関が今まで推進していたのは、リスクがない保証付がほとんどだと思うが、保証料を考慮すると実収入は半分(金利に直すと4％程度の融資)となる。それでも利益への貢献度合いは高いが、プロパーの個人ローン商品を開発して、真の高収益商品を売るのも一つの戦略だろう。

飛騨信用組合のプロパーカードローンには、先に説明した「住まいる

カードローン」の他に「プレミアムカードローン」がある。「プレミアムカードローン」とは、当組合の優良取引先の従業員を対象としたプロパーカードローンである。金利は7％であるが、取引に応じ金利優遇があり、最大優遇適用時は5.5％となる。

　職域優遇戦略の一つで、顔の見える先への推進でありリスクは少ないと考えている。過去に推進した保証付カードローンが、高齢化による年齢期限到来や更新不可により切替口や代位弁済にシフトし減少していくなか、プロパーカードローン推進によりその収益を補うという構図である。

　メガバンクの個人ローン戦略を見ると、来店不要、口座不要、あらゆるATMで利用可能など利便性・非対面性を大々的にうたい、マスセールスで大量取得しようというものである。しかし地域金融機関ではこうはいかない。そこで、どのように個人ローンを推進するかというと、やはり職域を攻めるしかない。

コラム9●個人ローン職域戦略（飛騨信用組合の事例から）

　飛騨信用組合は、優良法人取引先を対象に「ひだしんさるぼぼコーポレート倶楽部」を組成している。倶楽部加入先のすべての従業員を対象として、特別に融資利率を優遇した「さるぼぼコーポレートローン」を導入した他、その他の消費者ローンの金利優遇、住宅ローンについては8大疾病保障保険の無料提供を行っている。

　職域戦略の課題は、社長や総務担当者の協力を得て、いかに昼間に職域でセールス活動ができるかであるが、ほとんどの企業は職域セールスをして欲しくないという態度をとる。それに対しては、地域密着をアピールして地道に門戸を開く活動を行う必要がある。

第12章 「育てる金融」のための
　　　　　取引先経営改善の考え方

1．バンクミーティングでの出来事

　筆者が経営改善に取り組んでいる取引先のモニタリングを目的とするバンクミーティングで、こんなことがありました。その取引先はAとBの2つの事業の柱があり、当初A事業が順調でしたが、新しく立ち上げたB事業が軌道に乗らず、銀行団で金融支援をすることで資金繰りを安定させ、その間に経営改善を進めてきました。

　経営改善に取り組んで約2年、B事業がようやく軌道に乗ってきたら、調子の良かったA事業にかげりが見られるようになりました。今後の事業展開もA事業を取り巻く外部環境を鑑みると、あまり芳しくない将来が想定されています。

　その取引先のメインバンクは信用組合、サブが地方銀行と政府系金融機関でした。当初の金融支援についても足並みが揃わず、サブ行からはメイン寄せの提案がなされ、中小企業再生支援協議会が関与した案件にもかかわらず、メイン行がサブ行の2倍支援することで決着した経緯がありました。

　バンクミーティングでは、メインバンクが現下の事業の問題点を指摘し、今後どのように経営改善するか議論提起を行いました。地方銀行の担当者はA事業の利益を回復するためには、さらなる経費削減をすべきと主張しました。政府系金融機関の担当者は、議論での言葉尻を取ってあたり障りのない評論家的発言に終始しています。取引先の社長は、これ以上経費を削ったらA事業に対する競争力がなくなってしまい、将来的に売上も利益もさらに落ち込むと主張しています。

　さてあなたが支店長ならどう対応しますか。

2．従来の経営改善計画の考え方

　経営改善計画を策定するには、①損益計画、②財務資金繰り計画、③貸借対照表計画（債務超過解消計画）が必要です。

　①の損益計画では、まず経営方針・ビジョンを定め、次に損益面での前期までの実績、問題点、実施済みの施策などを売上・営業面、原価・粗利益、販売管理費・営業利益、営業外収支などに分けて抽出し、それをもとに今後5〜10年間の改善計画の骨子を立てていきます。そして過去3期分の実績を並べ、その後の5〜10年間の計画を数字に落としていきます。

　損益計画の1つ目のポイントは、経常利益段階で黒字化できるかです。利益を計上するには売上アップを図るか、経費を削減するかのどちらかであり、従来型の金融マンは即効性のある経費削減を強く指導することになります。2つ目のポイントはキャッシュフローです。債務償還の源泉であるキャッシュフローをいかに確保できる計画を策定できるかです。

　②の財務資金繰り計画においては、財務面での前期までの実績、問題点、実施済みの施策などを売掛金・在庫・買掛金・その他流動負債、設備投資、固定資産・資産売却、借入金、自己資本などに分けて抽出し、それをもとに今後5〜10年間の改善計画の内容、具体的な改善策を立てていきます。資金繰り計画は、企業のゴーイングコンサーンを担保するうえでとても重要な要素です。

　③の貸借対照表計画（債務超過解消計画）では、現状の姿と経営改善が進んだ5〜10年後の姿を対比させます。中小企業の経営改善計画においては、概ね5〜10年後の債務者区分が正常先になる計画、あるいは経営改善計画終了後に自助努力で事業の継続性を確認することができれば、経営改善計画終了後の債務者区分が要注意先でもいい計画が必要

です。

3．経営改善計画のチェック

　中小企業において、作成した経営改善計画が「合実計画」と認められるには、いくつかの要件をクリアしていなければなりません。そのなかで重要な要件は、計画期間終了後の債務者区分が正常先となる計画であるか、というものです。

　債務者区分が正常先となるには、次の要件が必要となります。

　①債務者単体でなく、中小企業特性（代表者・保証人の損益・資産）を加味して損益計算書の収支がプラス（経常利益が黒字）となること

　②中小企業特性を加味したうえで、実質的に資産超過（債務超過ではない）であること

　③債務償還年数が10年以内であること（ただし業種によってその年限は異なる）

$$*債務償還年数 = \frac{（長期借入金＋短期借入金）－正常運転資金}{キャッシュフロー（当期純利益＋減価償却費）}$$

※正常運転資金（受取手形＋売掛金＋棚卸資産）－（支払手形＋買掛金）

　これが正常先の3要件であり、金融マンは本能的にこう考える癖がついています。

　特に①の利益を計上させるためには、経費削減すなわち販売管理費を削減させればすぐに利益を出すことができるので、アドバイスの第一歩は経費削減となってしまうのです。しかし、ある程度経営改善が進んできた企業が、さらなる経費削減（人件費削減・広告宣伝費削減・交際費削減など）に取り組むと、企業が負のスパイラルに陥り、事業そのものがシュリンクしてしまい、将来的な売上・利益減少につながってしまう結果となるケースが多いものです。

4．経費を効率的に使い売上・利益を向上

　やはり発想の転換が必要となります。そこで、経営改善の考え方として、経費削減のアドバイスを封印したらどうでしょう。逆張りの発想で、経費を効率的に使って、いかに売上・利益をアップさせるかを、取引先と一緒に考えてみます。そして事業の構造を、①目に見えるもの（商品の見直し・他社の成功事例の取り入れなど）と、②目にみえないもの（ブランド力向上・従業員能力アップ・従業員のやる気向上・サービス向上）に分けたうえで、どんな経費を使って売上・利益を向上させるかを考えるのです。

　具体的には、①の目に見えるものでは、経費を使ってワクワク感のある商品を開発する、経営コンサル会社のビジネスクラブ会員となって他社の成功ビジネスモデルを徹底的に模倣する、②の目に見えないものでは、広告宣伝費を使ってブランド力向上の方策を考える、研修費・交際費を使って従業員能力向上・やる気アップを図るなどです。

　そうした前向きの経営改善提案には、取引先の社長も共感し理解を示してくれるはずです。

5．貸し出す金融から育てる金融への転換

　全信組連ホームページに内藤理事長の言葉として、
「信用組合は地域密着型金融の重要な担い手として、地域における取引顧客を支えていくという意味からも、金融機関としての競争力ならびに収益力を引き続き確保していくことは極めて重要な課題となっています。そのためにも、新規の起業や事業の承継、あるいは新事業の展開などの取引先の動きに対し、外部機関と連携しつつ前向きな支援をいかに進めていくかといった、単に『貸し出す金融』から『育てる金融』への

第 12 章 「育てる金融」のための取引先経営改善の考え方

転換をいかに実現していくかが期待されるところです」
とあります。こうした考え方に共鳴できる支店長も多いのではないでしょうか。
この「育てる金融」を実践するためにも、支店長は、取引先の経営改善指導において、発想の転換を求められるのではないのでしょうか。ちなみに、筆者は先のバンクミーティングでは、「社長、もうこの辺で経費削減なんて止めて、経費を効率的に使って売上・利益を上げる方法を一緒に考えましょう」と発言しました。

＜第 12 章のポイント＞
・経営改善において利益をアップさせるには売上アップか経費削減の方法がある。
・合実計画の３要件は利益計上・資産超過・債務償還年数範囲内である。
・経営改善では、経費を効率的に使って売上・利益をアップさせる方法を考えた方が、経営者の協力を得られやすい。

第13章　DDS・債権放棄・再生ファンドによる企業再生

1．支援協議会の暫定リスケ計画

　中小企業金融円滑法（平成21年12月4日に施行され、2回の延長を経て平成25年3月末に終了）が役目を終えて、数年が経過しました。その間に中小企業再生支援協議会（以下「支援協」という）は、約5,000件の暫定リスケ計画を策定したといわれています。

　暫定リスケ計画とは、金融円滑化法が期限切れとなった平成25年4月以降に、支援協の認定のもと過去にリスケを繰り返してきた中小企業と金融機関が一緒に策定した、3年間の暫定的な経営改善計画のことです。それは、確実に先行きの見通せる3年間において、金融機関は引続き返済猶予を許容して、経営者の自覚を醸成し、事業に専念できる時間を確保させ、将来の最適ソリューションに向けての経営改善を促すものです。

　このように、金融円滑化法終了後、多くの企業が暫定リスケにより返済猶予を受けており、その期限を次から次へと迎えることになります。基本的に、暫定リスケは最後の返済猶予という位置づけにありますので、暫定リスケを受けた中小企業は、最適なソリューション（経営課題を解決するための方策）に向けて抜本的な再生計画を策定する必要があります。

●再び企業再生の時代が到来

　したがって、支店の取引先においても暫定リスケが期限を迎え自力再生ができなかった中小企業に対し、資本性借入金や第二会社方式による債権放棄などの抜本的な金融支援を行うか、それとも廃業・倒産に向か

うか、再びリスケを繰り返すかを選別する必要が出てきます。金融庁が推進している事業性評価融資の考え方は、企業再生を加速させる要因になるうえ、中長期的な人口減少による地域の経済規模の縮小という経済環境からは、廃業・倒産企業の増加は必至です。

また支援協の全国本部は、今後も積極的な金融支援や第二会社方式による債権放棄などの抜本的な企業再生を行う計画を立てており、そのスピードはますます加速するものと考えられます。そして経営者保証のガイドラインにおいて、社長の保証債務の整理も破産することなくできるようになっています。これらのことから、筆者は再び企業再生の時代が到来すると確信しています。

したがって、融資の現場に身を置く支店長の皆さんにも、企業再生の知識が必要となってきます。

2．資本性借入金（DDS）とは

資本性借入金（以下「DDS」という）とは、企業の借入金を他の債務を返済した後にしか弁済を受けられない劣後ローンにすることです。金融庁の定義における資本性借入金とは、金融機関が中小企業等の財務状況等を判断するにあたり、負債ではなく資本とみなすことができる借入金のことで、金融検査マニュアル別冊（中小企業融資編）において、一定の条件を満たす劣後ローンを金融機関の自己査定上資本とみなすことができるとしています。

金融庁は以前、資本性借入金とみなす場合の条件が、償還条件15年、金利設定は業績悪化時の最高金利0.4％、劣後性は無担保としていました。この条件を満たさない場合、資本性借入金とみなされないおそれがあったことから、資本性借入金は金融機関にとって利用しづらいものでした。しかし、平成23年11月に償還条件5年超、金利設定は「事務コスト相当の金利」の設定も可能、劣後条件として、必ずしも担保の解除

は要しないとの条件を明記したことから、利用しやすくなりました。

　資本性借入金は、こうした直接的な条件の他に経営改善の見通しが不可欠となります。経営改善の見通しにおいては、債務超過解消年数5年以内（DDSであれば10年以内）、有利子負債キャッシュフロー倍率10倍以内などを備えた合実計画が必要となります。

●不良債権比率の減少や貸倒引当金の削減につながる

　債務者のメリットは、DDSを絡めた経営改善計画を策定できれば、当該債務者は金融検査上では、純資産の増加により債務超過が解消となり、債務者区分がその他要注意先へ格上げされ、新規の融資が受けられる可能性が出てくること、資本性借入金部分の返済期間長期化と金利の引下げの効果により資金繰りが安定すること、経営改善計画に基づいて腰を落ち着けた企業再生ができることがあげられます。

　デメリットは、資本性借入金は融資であることには変わりなく返済義務があることや、金融支援の一種であるので、社長の私財提供や経営責任を問われる可能性があることです。

　金融機関のメリットとしては、債務者区分の格上げによる不良債権比率の減少、場合によっては貸倒引当金の削減につながるケースがあります。しかし、資本性借入金はあくまでも金融検査上借入金を資本とみなすだけのものであり、抜本的に企業の財務状況が改善するものではないことに注意しなければなりません。

3．事業再生計画とモニタリング

　DDSを行う場合には、基本として外部専門家などの関与のもと、綿密な事業再生計画を策定します。

　その内容は、①会社概要・事業内容、②財産の状況（損益の推移・財産の推移・窮境の状況）、③会社の課題（窮境に至った原因・窮境原因

の除去可能性)、④事業再生計画(当社の事業再生の意義・事業再生計画の基本方針・基本方針に基づく具体的内容・経営責任・金融支援事項)、⑤数値計画(全体計画・個別計画)という項目等でまとめられます。そして金融支援実施後は、およそ3ヵ月ごと、債務者に事業再生計画進捗状況報告書を作成してもらいモニタリングを行います。

　モニタリングでは事業再生計画の基本方針に基づき、具体的な実行プランの進捗にこだわります。計画どおりに進まない部門は、その時々の外部環境に合わせた実行プランを再策定した小さなPDCAを繰り返すようにします。事業再生成功の要因は、経営改善計画の数字のマジックに依存することなく、事業の再生に強く光をあて、例えば成果の上がらない事業計画はすぐに修正し、常に新しい改善を実直に行うことにあります。

4．第二会社方式による債権放棄

●企業再生ソリューションの2番手

　支援協の暫定リスケの期限に伴い、再び企業再生の時代が到来することはすでに述べましたが、金融機関の抜本的な企業再生における将来の最適ソリューションの一番手がDDSであれば、それに次ぐ二番手が債権放棄です。

　債権放棄とは、債権の全部または一部について弁済義務を免除することです。これは法律的には金融機関の一方的な意思表示で有効となります。しかし、モラルハザードの問題や寄付金課税のリスクを伴うため、支援協など公平な第三者機関を絡ませるのが一般的です。

　債権放棄には、金融機関が直接債権放棄する方法と会社分割などを利用し第二会社に事業を引き継がせ、従前の会社を清算させることで実質的に債権放棄をする方法があります。また、その他の方法として、債権を企業再生ファンドに売却したりバルクセールによりサービサー等に売

却し、その後売却先が債権放棄をするケースもあります。

ここでは、一般的によく行われる第二会社方式による債権放棄と、それに伴う社長の経営者責任・保証債務の整理を経営者保証のガイドラインに基づいて解説します。

●第二会社方式なら商取引は継続される

第二会社方式では、債務者のバランスシートを良い部分と悪い部分とに分離し、あらかじめ作っておいた同じ社名の第二会社に、良い部分の資産とそれに見合う負債を移します。旧会社には悪い部分の資産と負債を残し、最終的に旧会社の社名をまったく関係のない社名に変えたうえで、特別清算もしくは破産により清算します。この企業再生は一般的に、金融機関・債務者・支援協といった中立の立場の第三者が協働して行います。

この方式の特徴は、債権放棄をするのは金融機関だけで、商売上の一般債権者には通知することもないので、商取引債権は守られ、通常どおりの商取引が継続されます。

金融機関が債権放棄に応じるには、①再生計画の妥当性、②経済合理性、③社会的妥当性、④株主責任・経営責任、⑤公正中立な第三者の関与などがポイントとなります。

①の再生計画に妥当性があるかどうかは、いうまでもないことです。②の経済合理性とは、債務者が破産・民事再生となったときより、多額の回収が見込まれるかということです。③の社会的妥当性とは、債権放棄によって企業が再生した場合、雇用の確保が図れ、取引先の連鎖倒産が防げるかということです。④の株主責任は旧会社が清算することで果たされます。経営責任は、経営者保証のガイドラインに従って保証債務の整理をすることで果たすことが可能となります。⑤の公正中立な第三者の関与としては、支援協の関与を得ることでクリアできます。

支援協の関与する債権放棄では、専門家アドバイザーとして弁護士が

第13章　DDS・債権放棄・再生ファンドによる企業再生

「事業再生計画書」について調査検討した報告書が提出されます。その内容は、事業再生の意義、事業再生スキーム・金融支援の必要性・妥当性、経営責任・株主責任・保証人責任の妥当性、営業権（のれん）の評価、再生計画の実行可能性、金融支援の妥当性・衡平性、債権者における経済合理性、スポンサー選定の合理性など、あらゆる面から利害関係のない弁護士の意見が付されるので、債権放棄の合理性が担保されることになります。

　筆者は、こうした企業再生の絵を描く前提として、まず社長の考えを聞くことにしています。社長に「自分はどうなってもいいので、事業、従業員、取引先を守ってくれないか」という利他の気持ちがあれば、企業再生は果たせると感じますし、そうでない場合は債権放棄に応じるべきではないと考えます。

5．経営者の交代と保証債務の整理

●経営者の交代については総合的に判断

　従前の債権放棄を伴う企業再生の実務では、社長に対して経営者の交代と保証債務の履行を強く求め、最終的に破産をして責任を取ってもらうケースもありました。しかし企業再生の局面では、それが早期の企業再生を阻害する要因となっているという批判があり、経営者保証のガイドラインでは、保証債務の整理について後に述べるような一定の考え方が示されています。

　経営者の交代についてガイドラインでは、結果的に私的整理に至った事実のみをもって、一律かつ形式的に経営者の交代を求めてはいけないとしています。その場合、経営者を引続き経営させるかの判断は、①主たる債務者の窮境原因および窮境原因に対する経営者の帰責性、②経営者および後継予定者の経営資質、信頼性、③経営者の交代が主たる債務者の事業の再生計画等に与える影響、④準則型私的整理手続における対

象債権者による金融支援の内容、この4点を考慮しながら総合的に勘案し、一定の経済合理性が認められる場合には、これを許容することとしています。

　保証債務の整理の対象となり得る保証人とは、「主たる債務者が、法的整理手続か利害関係のない中立・公正な第三者が関与する私的整理手続（中小企業再生支援協議会による再生支援のスキーム、事業再生ADR、私的整理ガイドライン、特定調停等）の申立てをこのガイドラインの利用と同時に行い、又は手続が係属中、若しくは既に終結していること」「主たる債務及び保証債務の破産手続による配当よりも多くの回収が見込まれるなど、債権者にも経済合理性が期待できること」「保証人に破産法に定める免責不許可事由が生じていない、又はそのおそれもないこと」の要件を満たす保証人です。

●保証人にはある程度の資産は残せる

　保証債務の整理については、保証人の手元にある程度の資産を残してもいいという考え方を示しています。

　具体的には、残存資産の考え方においては、保証人が表明保証（資力に関する情報を誠実に開示し、その内容の正確性を保証すること）を行い、代理人弁護士、顧問税理士などの支援専門家の適正性についての確認がある場合、金融機関は残存資産の範囲を、①保証履行能力や従前の保証履行状況、②債務不履行に至った責任の度合い、③経営者たる保証人の経営資質、信頼性、④事業再生計画等に与える影響、⑤破産手続における自由財産（債務整理後取得した財産、生活に欠くことのできない家財道具等、現金99万円など）の考え方や民事執行法に定める標準的な世帯の必要生計費（1月あたり33万円）の考え方との整合などを総合的に判断して決定します。

　また、保証人が安定した事業継続等のために必要な一定期間（雇用保険の給付期間90〜330日を参考）の生計費に相当する額や、華美でな

第13章　DDS・債権放棄・再生ファンドによる企業再生

い自宅等について残存資産に含めることを希望した場合、対象債権者は、真摯かつ柔軟に検討します。

　この自宅とは、店舗を兼ねており資産の分離が困難な場合、その他の場合で安定した事業継続等のために必要となる「華美でない自宅」をいい、これに直接関係しない自宅についても、処分・換価する代わりに当該資産の価値相当額を分割弁済（5年以内）する対応も検討します。

　これにより社長は、手元に400万円あまりの現金と華美でない自宅を残すことができ、破産する必要はなくなります。そしてこのガイドラインによる債務整理を行った保証人については、信用情報登録機関に報告、登録は行いません。

6．中小企業再生官民ファンド

●官民一体で中小企業の事業再生を図る

　中小企業再生官民ファンドとは、金融機関、中小企業基盤整備機構、民間の投資会社、事業会社等が出資の約束をしたうえで、中小企業再生官民ファンドを組成し、過剰債務等により経営状況が悪化しているものの、本業には相応の収益力があり、財務リストラや事業再構築により再生可能な中小企業に投資などの支援をし、再生させるファンドです。国である中小機構は、ファンド総額の2分の1以内を出資できるため、官民一体となって中小企業の事業再生を図ることができます。

　具体的な支援方法は、中小企業再生支援協議会と連携し再生計画（経営改善計画）を策定し、その計画に基づいて官民ファンドが金融機関の保有する貸出債権の買取りによる金融支援（実質的な債権放棄）や株式や新株予約権付社債の取得等による資金提供を行います。そして、ファンド運営会社が経営面のハンズオン支援（きめ細かな中長期的な再生・経営支援）を行うことで継続的なモニタリングを行い、再生計画が履行され一定のレベル（債務者区分が正常先・その他要注意先）まで改善さ

れた場合は、金融機関からリファイナンス融資を受けて、ファンドに対する残債務を返済し、事業再生を果たすというものです。

●ぎふ中小企業支援ファンドとは

筆者は、地方銀行勤務のとき、官民ファンド（ぎふ中小企業支援ファンド）を立ち上げた経験があります。

「ぎふ中小企業支援ファンド」は、平成20年3月に、岐阜県に本店を置く13の地域金融機関すべて、中小機構、ファンド運営会社の出資によって組成されました。その後、同年12月に岐阜県信用保証協会の出資を受けましたが、これは信用保証協会において、平成20年6月の法改正で保証協会による事業再生ファンド等に対する出資が認められ、本ファンドに全国で初めて信用保証協会の出資を受けたものです。これにより、保証協会の求償債権（代位弁済を受けた債権）をファンドに売却することが可能となり、保証協会の求償債権の実質的な債権カットもできる画期的なファンドになりました。

ぎふ中小企業支援ファンドは、平成25年12月には第2号ファンドが組成され、過剰債務等により経営状況が悪化しているものの、本業には相応の収益力があり、財務改善や事業見直しにより再生可能な中小企業の再生を行っています。

中小企業再生官民ファンドを使った中小企業の事業再生に至るまでの流れは、財務DD・事業DDの実施　→　経営改善計画の策定　→　中小企業再生支援協議会による計画の認定・債権者調整・合意　→　官民ファンドによる投資判断→債権買取り・投資→経営改善計画の実行　→　ハンズオン支援・モニタリング→リファイナンス・イグジット（出口）となります。

●官民ファンドの関与で再生の確率が高まる

企業にとっての官民ファンド活用のメリットは、

- 官民ファンドは利益を追求するファンドではないため、無理な再生計画にならないこと
- 地域の中小企業の再生案件では、ほぼすべてのケースで保証協会が債権者となっており、一般的には保証協会の有する求償債権はカットできないが、その求償債権を官民ファンドには時価で売却できるので、その後の官民ファンドによる債権放棄などで、実質的な債権カットが図れること
- 官民ファンドの案件では保証協会の求償債権先に対する新規保証が可能であること
- 公的な官民ファンドであれば地元の関連団体の調整や金融機関調整も円滑に進むこと

などがあります。このように再生企業にとってみれば、官民ファンドが関与することで、再生の確率が格段に高まることになります。

一方、金融機関にとってのメリットは、

- 官民ファンドに不良債権を売却することで、不良債権比率の引下げを図ることができること
- 官民ファンドは大きな利益を追求しないので、一般の投資家に債権を売却するよりも適正な債権売却価格が実現できること
- 官民ファンドは投資先企業に対し中長期的にきめ細かいハンズオン支援を行うため、真の事業再生が可能になること
- 官民ファンドを活用することで企業の倒産が回避され、地域の雇用、下請け先の連鎖倒産回避など地域経済を守ることができること
- イグジット(出口)において、リファイナンス(官民ファンドの債権を対象企業が買い戻すための新規融資)のビジネスチャンスが生まれること

などがあります。

最後にDDS・債権放棄・再生ファンドによる企業再生は、債権者の大きな痛みを伴うものであり、本当に支援しなければならない先に限る

ものです。また社長の高齢化に伴い、今後は事業承継と企業再生を絡めた発想も必要となってきます。こうした抜本的な企業再生は、本部主導で行われることが多いですが、支店では再生企業への窓口としての対応をしなければなりません。支店長においても、最低限のこうした知識を吸収しておく必要があるでしょう。

＜第13章のポイント＞
・暫定リスケ計画の期限を迎える取引先には、最適なソリューションを提案する必要性がある。
・事業再生における最適なソリューションには、資本性借入金（DDS）と債権放棄がある。
・債権放棄に応じるには、①再生計画の妥当性、②経済合理性、③社会的妥当性、④株主責任・経営責任、⑤公正中立な第三者の関与の5つのポイントが重要である。
・事業再生の局面で経営者保証のガイドラインを使えば、社長の保証債務をうまく整理することが可能となる。
・中小企業再生ファンドを使えば、より再生が確実になるケースが多い。

第14章　支店の不良債権をどう考えるか

1．不良債権比率の業態別推移

●未だ高水準の協同組織金融機関の不良債権

　支店において、不良債権の回収はどのように行っていますか。不良債権問題は、今では声高に叫ばれることはなくなりましたが、信用金庫・信用組合業界の不良債権比率は未だに高水準です。

　まずは不良債権比率の業態別推移を見てみましょう。信金・信組の不良債権比率が他の金融業態と比べて高いことが分かります。協同組織金融機関という業界の特徴や地域特性から、不良債権がある程度多いのはやむを得ないところですが、不良債権の判定基準が都銀・地銀より多少緩いことを考えると、その差は数字以上に大きく開いているというのが実態です。

＜不良債権比率の業態別推移＞

	平成14年3月	平成18年3月	平成22年3月	平成26年3月	平成27年3月	平成28年3月
都市銀行	8.7%	1.8%	1.9%	1.3%	1.1%	1.0%
地方銀行	8.0%	4.5%	3.2%	2.7%	2.4%	2.1%
信用金庫	10.1%	7.1%	5.8%	6.0%	5.5%	4.9%
信用組合	12.7%	10.7%	8.2%	7.7%	7.2%	6.1%

　信金・信組業界が不良債権問題と未だ決別できないのは、その体力もさることながら、過去の金融行政にも要因があります。遡ること平成

13年4月、当時の緊急経済対策において「2年3年ルール」が発令され、都銀は破綻懸念先の既存分は2年以内、新規発生分は3年以内にオフバランスをするように求められました。その翌年4月には、より強固な金融システム構築に向けた施策において「5割8割ルール」が発令され、都銀に対し既存の破綻懸念先を1年以内に5割、2年以内に8割をメドにオフバランスをするように求められました。大手地銀もこれに追随し、これにより「貸し渋り」「貸し剥がし」の報道がなされたことは記憶に新しいところです。

●地域密着型金融と不良債権処理

一方、地域金融機関に対しては、平成15年3月に地域密着型金融(リレーションシップ・バンキング)の推進が発表されました。地域密着型金融とは、地域金融機関が、顧客の取引先と長期的な信頼関係を築いて豊富な顧客情報を蓄積し、質の良い金融サービスを提供するというビジネスモデルのことです。

これは、金融行政が金融再生プログラム等で都銀に対しては強硬な不良債権処理を求めた一方で、地域金融機関には中小企業とリレーション(関係)を深く持ちながら、同時に不良債権問題を解決していくことを求めたものです。その結果、都銀・地銀の不良債権は急速に処理されましたが、信金・信組の不良債権はその減り方が緩やかとなり、都銀・地銀との不良債権比率に大きく差がつくことになったのです。

2．旧態依然の中小信金・信組の債権管理

ではここで、平成28年3月における不良債権の内訳を業態別に見てみます。都銀の不良債権における破産更正債権等(実質破綻先・破綻先)の占める割合は12.4%、地銀のその割合は16.9%です。それに対して、信金は22.1%、信組に至っては34.8%となっています。このことから信

金・信組においては、不良債権のうち貸出利息収入を生まない不稼働資産（実質破綻先・破綻先）を抱え込んでいる図式が見えてきます。

　実際に、中小の信金・信組業界の債権管理回収業務を見てみると、費用対効果をまったく考えていないケースが散見されます。例えば支店においては、渉外係が毎月3,000円の不良債権回収集金を重要な仕事として行っているケースもあります。債権元金全額を回収するのに100年かかる非効率な仕事を、何の疑問も持たずに行っているのです。渉外係が不良債権の集金をやめ、前向きの営業を行った結果の利益と、月3,000円の債権償却特別益とのどちらの価値が大きいか、考えてみる必要はあるでしょう。

　中小の信金・信組において不稼働資産が多いことは、経営の非効率を生みます。広島市信用組合がこの不良債権問題にスポットを当てた独自のビジネスモデル（本業特化のシンプルな経営。集めた預金は融資に回し《預貸率84.35％》、不良債権は徹底的なバルクセールを行い経営の効率化を図る《不良債権比率2.39％、28年3月末》）で好業績を上げ続けていることを見ればそれが分かります。

3．不良債権比率を下げるには

　不良債権比率を下げるには、分母である融資残高を増やすか、分子である不良債権残高を減らすしかありません。ここでは、分子である不良債権残高を減らす方法を考えてみます。不良債権を減らす方法は、大きく3つに分かれます。それは、①回収、②再生（格上げ）、③売却です。

　①の回収で一番対費用効果があるのが、担保不動産からの回収です。一方、一番対費用効果が発揮できないのが、少額の保証弁済集金です。また集金している間は、直接償却によるオフバランスができないことはいうまでもありません。

　②の再生（格上げ）は、主として経営改善計画策定支援による格上げ、

DDSによる再生支援、第二会社方式による債権放棄による再生などが行われますが、多少手間はかかるものの対費用効果の面では、大きな利益を生みます。第二会社方式による債権放棄による再生でさえ、地域経済への波及効果を考えると、目には見えませんが、隠れた対費用効果が発揮できていると考えられます。

　③の売却では、バルクセールを使うことになります。この手法は支店の手間をあまりかけずに、本部主導で不良債権を大きく減らすことができます。

4．バルクセールとは何か

　「バルクセール」とは、一般的には、金融機関の不良債権をサービサー、外資、投資家などに束ねて（バルク）売る（セール）ことをいいます。金融機関にとっては、不良債権最終処理としてバランスシートからオフバランスする効果があり、多くの金融機関で今ではルーチンワークとして実施されています。

　金融機関が、バルクセールで不良債権を売却する選定基準は、
　・今後の想定管理コストと売却損・償却益との比較
　・現在の回収の進捗状況
　・担保評価の将来下落と担保処分に要する時間との比較
　・再生の可能性と地場産業、雇用など地域に与える影響の考慮
などですが、これらを総合的に判断してバルクセールの可否を判断します。

●実質破綻先・破綻先を徹底的に売却

　バルクセールは、数社のサービサー・投資家を集めて入札方式で行うのが一般的です。なぜなら、債権売却価格の妥当性を担保するには、入札が一番と考えられるからです。また、その入札の一形態にチェリーピッ

ク（さくらんぼをつまむように選ぶ）方式というものがあります。これは、売却する個別債権ごとに入札を行う方式で、束ねて売るより金融機関側としては高い価格での取引が期待できます。

企業再生目的の債権売却では、相対（金融機関とサービサー・投資家が当初から一対一の取引で債権売却を行う）方式が行われることがあります。企業再生案件では、売却価格が高すぎると再生可能性が低くなるというトレードオフの関係になるため、相対方式が使われることがあります。

このように、早期に信金・信組の不良債権比率を下げるには、各金融機関の体力と相談しながらになりますが、バルクセールの手法を戦略的に活用し、実質破綻先・破綻先を徹底的に売却することが必要です。中小の信金・信組は、バルクセールの戦略的活用で、支店が後ろ向きの仕事に費やしていた時間を前向きな融資推進にチェンジする発想を持つことが必要です。

ですから支店においても、手間のかかる不良債権先は債権売却で早急に処理を進めることが望まれます。

5．サービサーと売却された債務者のその後

●サービサーによる不良債権処理

平成11年4月に、債権回収会社である「サービサー」が設立されました。本来、債権回収業務は弁護士しかできなかったのですが、バブル経済後の膨大な不良債権処理のため、弁護士法の特例としてサービサー法が制定され、国に認められた債権回収会社（サービサー）が債権管理・回収を業として行うことができるようになりました。このサービサー制度は、当然ながら金融機関の不良債権処理に、大きな役割を果たしています。

サービサーに売却された債務者が、サービサーによってどのように現実的に処理されていくか、融資の現場に携わる人には、必須の知識です。

例えば、ある債務者に1,000万円の融資があり、返済できなくなったとします。金融機関は不良債権を回収しなければならず、1,000万円を返済してもらうまでは弁済交渉を行い、ときには仮差押えをしたり、訴訟を起こすなど債権回収に必死に取り組むことになります。

一方、金融機関は不良債権の早期処理を求められているので、不良債権をいつまでも残しておくわけにはいきません。そこで金融機関はサービサー等に不良債権を売却します。売却する不良債権は元金1,000万円とその利息・損害金一切ということになりますが、サービサーが購入する金額は、当然その不良債権の現在の時価（回収想定金額）をさらに割り引いた価格となります。

担保不動産付きであっても、金融機関の担保評価を大きく割り込まざるを得ません。担保の処分が済み、その会社や保証人に返済能力がない場合の売却価格は備忘価格となりますが、その金額は推して知るべしでしょう。

●破産することなく再起・再生が可能

金融機関は損切りとなるのにサービサーに債権を売却するのは、金融機関、債務者、サービサーにその時々の利益があるからです。金融機関は、不良債権を売却すれば不良債権比率を下げることができます。また、売却する不良債権は引当済みの債権がほとんどのため、売却代金は決算上、当期の利益となり戻ってきます。そしてこの不良債権回収業務から解放されます。

債務者は、一時的にはサービサーからその債務の全額返済を迫られます。しかし、サービサーに対していくら返済したら債務が免除されるのか、いくら払って債権を買い戻せるかの交渉ができることを知ります。自分に返済できる資産や収入がないことを証明できれば、サービサーも無理な回収は行いません。まして金融機関から購入した価格は、不良債権の時価をさらに割り引いた価格や備忘価格のため、妥結できる金額は

現実的なものとなります。

　このように債務者には、破産することなく、誰にも知られることなく再起・再生できるという究極の利益があります。サービサーとしても、購入した価格以上で回収をすることができれば、その部分が利益となります。

　このようにバルクセールは、金融機関・債務者・サービサーのそれぞれにメリットがあり、平成の徳政令というべきものです。債権売却による風評リスクやモラルハザード、トラブルを心配する人もいますが、筆者は数多くバルクセールに取り組んできましたが、大きなトラブルになったことはありません。

＜第14章のポイント＞
・中小の信金・信組では依然として不良債権問題は課題の一つである。
・支店では不良債権の少額回収よりも前向きの営業をした方が収益に貢献できる。
・バルクセールを戦略的に活用することで、早期に不良債権と訣別することができる。
・サービサーに売却された債務者のその後を理解する。

第15章　融資取引における相続の重要性

１．求められる融資取引と相続の知識

　現在、わが国は、人口減少とともに高齢化社会が進展しており、支店においても融資取引に絡んだ債務者、代表者、保証人が死亡するケースが多くなっています。融資取引の相続は、それに関連する基本的知識がないと適切に対応することは難しく、融資管理において最重要項目となっています。

　ここでは、融資取引における相続での必要最低限の知識とともに、支店での融資相続対応のポイントを解説します。

　最初に融資相続の基本を確認しましょう。融資債務は債務者が死亡すると、当然に各相続人の法定相続分に応じた分割債務となります。具体的には、例えば債務者に妻と２人の子供（長男・長女）がいたとします。債務者が死亡すると、その融資は法律上当然に妻が２分の１、長男が４分の１、長女が４分の１と相続され分割債務となります。これは遺言や遺産分割協議書のあるなしに関係しません。

　したがって、たとえ法定相続分と異なる遺言や遺産分割協議が行われても債権者（金融機関）には対抗できません。すなわち積極財産（現金、預金、不動産など）は遺言や遺産分割協議書でその帰属を決めることができますが、消極財産（融資や保証債務など）については、債権者の利害に影響が大きいこともあり、相続人が自由に債務の配分を決めたとしても、そのことを債権者に対抗できず、債権者の承諾がなければ許されないのです。

　この点は遺産分割協議書があると、すべてそれに従わなければならないと思っている担当者もいるので、注意すべき重要ポイントです。

2．個人債務者の死亡と延滞への対応

　個人債務者が死亡した場合、支店では融資の債務引受手続が完了するまでは、毎月の返済を受けてはならないと、約定弁済をストップさせる担当者がいますが、その対応は避けるべきです。なぜなら、後の債務引受時に延滞した融資金が多額になり用意できず、債務引受がスムーズに進まないケースがあるからです。

　個人債務者が死亡した場合は、速やかに融資が延滞とならないように、原則として相続人全員から「相続手続はまだ確定していませんが、融資金の返済は引続き現在の預金口座から引き落としてください」という内容の念書・依頼書を取り受け、返済を続けてもらいます。たとえ相続に争いがあって、相続人全員の署名・捺印がもらえない場合でも、融資を延滞させないことは、署名・捺印をしない相続人にとって特段不利益にはならないため、相続人からも同様の念書・依頼書を取り受けて、延滞をさせない方が賢明です。

3．債務引受の2つの方法

　債務引受の方法には、「免責的債務引受」（従来の債務者が債務を免れる）と「重畳的債務引受」（従来の債務者が債務引受人と並んで債務を負担する）があります。

　免責的債務引受とは、債務の同一性が失われることなく、旧債務者から新債務者に債務が引き継がれ、旧債務者は債務から解き放たれる引受方法です。

　例えば先の相続の例で、長男が事業を継ぐので長男に免責的に債務を引き受けてもらうとします。そこで、長男1人に融資全額を引き受けてもらい、妻と長女は責任を免れます。責任を免れるということで免責的

という言葉を使いますが、旧来の実務では、妻と長女には連帯保証人になってもらうのが一般的でした。現在は事業性融資の場合、原則第三者保証を取り受けないという観点を考慮しながら、金融機関と相続人がよく話し合ったうえで対応します。

　重畳的債務引受とは、旧来の債務を存続させたまま、引受人が新たに債務者に加わる債務引受の方法です。これは、先の相続の例でいくと、長男が全額債務引受をしても、他の相続人である妻と長女は各自の相続割合の範囲内で引続き債務を負うことになります。したがって、長男と妻・長女の関係は連帯債務となります。

　どちらの方法をとるかですが、法律家は重畳的債務引受の方が金融機関にとって安全かつ確実な方法としていますが、支店では後の債権管理が面倒なので、免責的債務引受による対応をとってもいいでしょう。

4．法人融資先代表者死亡時の対応

　代表取締役など法人の代表者は、法人を代表して業務を執行します。代表者が死亡しても法人格に影響はないため、その意味では融資債権に影響が及ぶことはありません。会社と代表取締役の関係は委任ですから、代表者の死亡により委任は終了します。相続人が当然に代表取締役に就任するわけではないため、代表取締役が死亡すると代表取締役はいなくなります。したがって、新代表取締役が選任されたら代表取締役変更登記を確認し、所定の代表者変更手続をしてから、新代表者を相手に取引を行えばよいでしょう。

5．保証人死亡時の対応

　保証債務についても原則、相続人が法定相続分に応じて、分割して保証債務を相続します。特定債務（確定金額の債務保証など）の保証人死

亡の場合は、相続人はその特定債務を相続します。遺言があっても、その指定相続分を債権者（金融機関）に主張することはできません。また法定相続分と違う遺産分割協議をしても、それを債権者に主張することはできないのは主債務と同じです。金融機関としては、相続人に引続き保証に加わってもらうか、脱退させるか、通常の保証の脱退・加入の判断を行います。

　根保証人の死亡の場合は、主債務の元本が確定し、相続人はその死亡時に有していた確定保証債務を相続します。根保証の場合、根保証人が死亡した後に発生した債務については、相続しません。

6．担保権がある場合の対応

　担保がある場合は、変更登記手続が必要です。根抵当権の場合と抵当権の場合では手続きが異なるので注意が必要です。

　根抵当権の場合、今後発生する債務を引続き根抵当権で担保したい場合には、根抵当権の確定前（相続開始から6ヵ月以内）に、①相続を原因とする債務者を法定相続人全員とする債務者変更登記、②債務引受者（前のケースでは長男）を指定債務者とする合意の登記、③根抵当権の被担保債権の範囲の変更登記（被担保債権の範囲に債務引受にかかる債権を追加する）を行います。

　相続開始から6ヵ月を過ぎると根抵当権が確定するので注意が必要です。債務者死亡から6ヵ月経過により、根抵当権は相続開始時に遡って確定し、相続開始時に債務者が負担していた債務のみを担保とする根抵当権となります。それにより元本債権、被担保債権の範囲等が特定し、普通の抵当権に近い状態に大きく制限されることになります。

　抵当権の場合は、①相続を原因とする債務者を法定相続人全員とする債務者変更登記、②債務引受を原因とする免責的債務引受者（前のケースでは長男）を債務者とする債務者変更登記を行います。

7．民法改正と保証の基本

●催告の抗弁権と検索の抗弁権

　今後、融資管理で重要となる論点は、民法（債権法）改正への対応です。融資管理の項目において民法改正で大きな影響を受けるのが、保証と時効です。改正により支店の実務が変わるので、しっかり頭に入れておきましょう。まずは保証についての基本知識を解説します。

　金融機関が取る保証は「連帯保証」です。連帯保証人には、「催告の抗弁権（まずは借り入れた債務者に返済しろというのが筋だろう）」、「検索の抗弁権（まずは借り入れた債務者の財産に法的執行をしろ）」、「分別の利益（ほかにも保証人がいるのだから保証債務の弁済は均等にしてくれ）」がありません。

　したがって、金融機関はどの保証人に対しても、他の保証人とは関係なく、保証債務の履行を求めることができます。若い担当者の中には、保証責任は頭割りと勘違いしている人がいますので、連帯保証には「分別の利益」がないところについてはよく理解しておきます。

　平成17年4月の民法改正で、保証の実務は大きく変わりました。そのポイントは、保証契約はすべて書面で行わなければ効力を生じなくなったこと、書面において極度額（利息・損害金を含む）を定めないものは無効であること、契約日から5年よりも後日を元本確定日とする約定は無効であること、約定がない場合は契約日から3年後が元本確定期日となったことです。改正から10年を経過していますので、これらはもう問題ないでしょう。

●第三者の個人連帯保証は原則求めない

　平成23年7月14日には、経営者以外の第三者による個人連帯保証等の慣行の見直しが行われました。金融機関は経営者以外の第三者の個人

連帯保証を求めないことを原則とし、その例外の運用基準は、「信用保証協会における第三者保証人徴求の原則禁止について」における考え方を基本としています。

すなわち、①実質的な経営権を有している者、営業許可名義人または経営者本人の配偶者（当該経営者本人とともに当該事業に従事する配偶者に限る）が連帯保証となる場合、②経営者本人の健康上の理由のため、事業承継予定者が連帯保証人となる場合、③財務内容その他の経営の状況を総合的に判断して、通常考えられる保証のリスク許容額を超える保証依頼がある場合であって、当該事業の協力者や支援者から積極的に連帯保証の申し出があった場合（ただし、協力者等が自発的に連帯保証の申し出を行ったことが客観的に認められる場合に限る）は、第三者保証人にあたりません。

そして、保証契約者本人が経営に実質的に関与していないにもかかわらず、自発的に連帯保証契約の申し出を行った場合には、金融機関から特段の説明を受けたうえで、契約者本人が自発的な意思に基づき申し出を行った旨が記載され、自署・押印された書面の提出を受けることにより、当該契約について金融機関から要求されたものではないことを確認したうえで、保証を取り受けています。

●経営者保証に関するガイドラインを策定

その後、平成25年12月5日に全国銀行協会と日本商工会議所は、金融機関、信用保証協会、サービサー、公的金融機関を対象とした経営者保証に関するガイドラインを策定しました。このガイドラインは平成26年2月1日から適用され、法的拘束力はありませんが、金融庁が本ガイドラインの積極的活用について要請していることもあり、自発的に尊重・遵守し現在に至っています。

ガイドラインの詳細については、本書第7章および第13章を参照してください。

8．民法改正における保証実務

●保証意思を公正証書で確認

民法（債権法）改正では、事業のために借り入れる主たる債務に個人が保証する場合は、保証契約を締結する1ヵ月以内に公正証書で保証意思を確認することが必要となります。つまり現在、第三者保証人から取り受けている「自発的な意思に基づき申し出を行った旨が記載され、自署・押印された書面」に代わり公正証書で確認することになります。

また実務では、第三者保証の適用対象外（主たる債務者が法人その他の団体である場合、その理事、取締役、執行役またはこれらに準ずる者、総株主の議決権の過半数を有する者、主たる債務者が個人である場合の共同事業者、事業に現に従事している配偶者など）が定められる見込みです。支店実務では、公正証書という手間が加わりますが、すでに第三者保証人を取ることが例外となっていることから、大きな影響はないと思われます。

●個人保証の依頼時は財産・債務・担保などを説明

次に、「主たる債務者による保証人に対する契約締結時の情報提供義務」には少し注意が必要です。これは、主たる債務者が事業のために生じる債務の個人保証を依頼するときは、債務者が依頼する保証人に対して、自身の財産や収支、債務の状況、担保として提供するものがあるかなどを説明しなければならないというものです。

債務者がその説明をしなかったり、事実と異なる説明をしたことによって保証人となった場合、債権者（金融機関）がその説明等があったことを知っていたかまたは知ることができたときは、保証人は保証契約を取り消せるというものです。これにより金融機関は債務者が保証人に対して説明したかどうかを確認することが必要となります。これは今ま

でにない実務のため、確認の書面を取り受ける事務が発生するかもしれません。

最後に、「保証人の提供による主たる債務の履行状況に関する情報提供義務」と「主たる債務者が期限の利益を喪失した場合の2ヵ月以内の情報提供義務」も定められる予定ですが、これはこれまでの実務で十分対応できるため問題はありません。

9．民法改正を踏まえた時効の基本

債権管理では時効も重要な問題です。しかし昨今では、不良債権をバルクセールにより売却処理することが一般的となり、時効が成立する前に債権を売却してしまうことが多くなったので、時効について以前ほど気にかけることは少なくなりました。

時効とは、権利があっても権利を行使しないという状態が長く続いた場合に、その権利を消滅させる制度です。時効期間は現在、銀行は商事債権の5年、協同組織金融機関である信金・信組などは一方的商行為に当てはまる場合を除いて、民事債権の10年が適用されています。

ところが民法（債権法）改正では、「債権は、債権者が権利を行使することができることを知ったときから5年間行使しないとき、または、権利を行使することができるときから10年間行使しないときは、時効によって消滅する。現行の職業別短期消滅時効を定めた規定等は削除する。商事時効を定めた商法522条を削除する」となる予定です。

これにより、金融機関の時効はすべて5年として管理することになります。

10．時効中断の3つの事由

時効の中断事由として民法147条では、「請求」、「差押え、仮差押え、

仮処分」、「承認」の３つを定めています。

●訴訟や裁判所への申立により時効を中断

まず請求とは、裁判上の請求（訴訟、支払督促）のことです。ただしこの場合、訴訟を取り下げると時効が完成してしまうので注意が必要です。また催告による請求（内容証明郵便で請求）という方法もありますが、これは６ヵ月以内に裁判上の請求や仮差押などをしないと、時効中断の効力が失われてしまいます。当然のことながら、この催告が使えるのは１回限りのため、時効間際に取り急ぎ行うべきものです。

次の差押え、仮差押え、仮処分は裁判所に申し立てるものです。具体例として担保不動産の競売は不動産登記簿に差押えの登記がなされるように、差押えに該当します。したがって、自らの担保権に基づいて競売を申し立てれば、時効の中断事由となります。しかし、他の債権者による競売に債権届を提出しても、時効の中断とはなりません。物上保証人の所有する担保不動産の競売の場合は、判例（最判昭 50.11.21）により開始決定が主債務者に送達された場合は時効中断となります。

では、競売の開始決定が主債務者に届かなかった場合は、どうなるのでしょうか。開始決定が主債務者に届かなかった場合や、付郵便送達（郵便で送達をしたが、主債務者が不在などのために交付できなかった場合に、裁判所書記官の裁量により送達すべき場所に開始決定を書留郵便に付して発送することによる送達方法）によりなされたものの結局届かなかった場合は、判例（最判平 7.9.5）により時効中断とはなりません。

この場合、競売開始決定が公示送達の方法（所在不明などの理由により書類の送達ができない場合に、一定期間裁判所の掲示板に掲示することで、送達の効力を生じさせる方法）でなされた場合には、たとえ主債務者に開始決定が届かなかった場合でも判例（最判平 14.10.25）により時効は中断することになるので、支店の実務としては公示送達を申し立てることになります。

●様子を記録した書面を残しておく

　最後の承認による時効中断における一つの方法は、債務承認書（債務を承認する旨の承認書）を取り受けることです。債務承認書に署名と実印捺印を受ければベストですが、もし印鑑がなければ、サインだけでもかまいません。債務承認書は取り受けたら確定日付を取っておきます。また、債務承認書の取り受け時は、保証意思の確認のときのように、様子を克明に記録した書面を残しておくことが望ましいといえます。

　債務者から弁済を受けることも債務承認の一つの方法です。支店で融資債権が複数ある場合、その中の一つだけに弁済を受け続けると、他の融資債権が時効にかかってしまうことがあるので、注意が必要です。その場合は複数の融資債権に分けて返済してもらいます。

　最後に、保証人から債務承認書を取ったとしても主債務の時効中断とはならないことにも注意してください。

11. 時効の援用

　実は時効になっても、債権が自動消滅する訳ではありません。時効は援用（時効にかかっているから弁済しないと主張すること）をしないとその効力を生じません。したがって、時効にかかっていると分かっていても、債務者に請求してかまいません。

　その場合、債務者が時効を知らずに債務承認したらどうなるのでしょう。そのような場合判例（最判昭41.4.20）では、時効完成後に弁済・債務承認をすれば、時効完成を知らなかったときでも、その後は時効の援用をすることは許されないとしています。時効完成後であれ、債務者が時効にかかっていることを知らずに弁済・債務承認をすれば、そのときから新たに時効が進行することになります。

　そして債務者が、時効を知らずに支払ってしまった後に、時効であることに気がついて、時効にかかっていることを主張したり、支払った金

員を返せということはできないのです。

<第15章のポイント>
・積極財産（現金、預金、不動産など）は遺言や遺産分割協議書でその帰属を決めることができるが、消極財産（融資や保証債務など）については、遺産分割協議書で決めたとしても、そのことを債権者に対抗できず、債権者の承諾がなければ許されない。
・個人債務者が死亡した場合は、原則相続人全員から「相続手続はまだ確定していませんが、融資金の返済は引続き現在の預金口座から引き落としてください」という内容の念書・依頼書を取り受け、延滞させることなく返済を続けてもらう。相続人全員の署名・捺印がもらえなくても、融資を延滞させないことは特段不利益にはならないので、後を引き継ぐ相続人から、同様の念書・依頼書を取り受けて、延滞をさせない方がよい。
・債務引受の方法には、免責的債務引受（従来の債務者が債務を免れる）と重畳的債務引受（従来の債務者が債務引受人と並んで債務を負担する）がある。
・代表者が死亡しても法人格には影響はないので、融資債権に影響はない。したがって、新代表取締役が選任されたら代表取締役変更登記を確認し、所定の代表者変更手続をした後、新代表者を相手に取引を行えばよい。
・担保がある場合は変更登記手続が必要で、今後発生する債務を引続き根抵当権で担保したい場合は、根抵当権の確定前（相続開始から6ヵ月以内）に、①相続を原因とする債務者を法定相続人全員とする債務者変更登記、②債務引受者を指定債務者とする合意の登記、③根抵当権の被担保債権の範囲の変更登記（被担保債権の範囲に債務引受にかかる債権を追加する）を行う。
・抵当権の場合は、①相続を原因とする債務者を法定相続人全員とする

債務者変更登記、②債務引受を原因とする免責的債務引受者を債務者とする債務者変更登記を行う。
・民法（債権法）改正により、金融機関の時効はすべて５年となる。
・時効になっても債権が自動消滅する訳ではなく、時効は援用（時効にかかっているから弁済しないと主張すること）をしないとその効力を生じない。
・債務者が時効にかかっていることを知らずに弁済・債務承認をすれば、そのときから新たに時効が進行する。その後債務者が、時効であることに気づいても、支払った金員を返せということはできない。

第16章　求められる債権回収の知識

1．支店における債権回収の考え方

　東京商工リサーチの発表によると、2016年度上半期（1～6月）の倒産件数は4,114件で、リーマンショック以降7年連続で前年同期比減少しています。この背景には、アベノミクスによる景気回復と金融円滑化の効果があると考えられます。しかし債権回収業務は、その数や金額は少なくなっても、融資業務がある以上なくなることはありません。

　一方で、債権回収に対する考え方は変わってきています。例えば、金融機関が保証人に対し保証履行を請求する場面では、以前は徹底的に保証債務の履行を迫り、その決着として自己破産を求めるなどのケースもありました。

　ところが現在は、金融庁の監督指針では「保証人（個人事業主たる主債務者を含む）に保証債務（当該主債務者の債務を含む）の履行を求める場合には、上記意義にある指摘（その対応いかんによっては、経営者としての再起を図るチャンスを失わせたり、社会生活を営む基盤すら失わせるといった問題が生じているのではないか）に鑑み、保証債務弁済の履行状況及び保証債務を負うに至った経緯などその責任の度合いに留意し、保証人の生活実態を十分に踏まえて判断される各保証人の履行能力に応じた合理的な負担方法とするなど、きめ細かな対応を行う態勢となっているか」を監督の着眼点としています。したがって、保証人に債務履行を請求する場面では、配慮が必要となってきています。

　また、債権回収において、費用対効果を考えるようになったことや、最終的にバルクセールによる債権売却によって決着をつけるようになったことも、大きな考え方の変化です。本書では、支店における債権回収

の主要な知識として、「相殺」「仮差押え」「担保不動産からの回収」などについて解説します。

２．相殺による回収の基本

相殺（民法505条）とは、２以上の当事者間において対立する同種の債権・債務が存在する場合、それを対等額で消滅させることです。相殺をするには、相殺適状という対立する債権債務が弁済期になければなりません。

融資については、取引約定の「期限の利益の喪失」により弁済期となります。一方預金については、普通預金や当座預金については弁済期の定めがなく、定期預金については金融機関がいつでも期限の利益を放棄することができるので、いつでも相殺適状になります。

「期限の利益」とは、期限が到来していないことによる利益のことです。すなわち、融資先には融資を受けたら約定の期限が来るまでは返済しなくてもよいという利益があります。しかし、そうなると仮に融資先に信用不安や倒産が発生した場合、早急に債権を回収したくても、融資先に期限の利益があることで債権回収ができなくなってしまいます。そこで銀行取引約定書では、期限の利益喪失条項を設けており、その条項に当てはまる場合は、融資先の期限の利益を喪失させて、金融機関が債権全額を請求できるようになっています。

相殺の方法（民法506条）は、当事者の一方から相手方に対する意思表示によりなすべきとされており、意思表示は金融実務では、内容証明郵便にてなされます。そしてその意思表示の到達によって効力が生じ（民法97条１項）、双方の債務が相殺適状に達した初めに遡って効果が生じます（民法506条２項）。相殺をする側が持っている債権（金融機関では貸金）を「自働債権」、相殺される側（債務者の預金）の債権を「受働債権」といいます。

3．年金との相殺の問題点

　支店でよく問題となるのは、保証人の口座に振り込まれた年金との相殺です。この点については、信用金庫の債権と国民年金が振り込まれた預金口座の預金との相殺を認めた判例（最三小判平10.2.10）があります。判例から、年金債権自体は差押えをすることはできないものの、年金が預金口座に振り込まれた時点でもはや年金ではなく、預金となることで相殺は可能という結論が導き出せます。

　一方、支店では、倒産した債務者の保証人預金口座に年金が振り込まれてきて、生活のために払い出してくださいと懇願され、どうしたらいいか悩むことがあるでしょう。支店から「どうすればいいですか」と聞かれれば、本部では「確定した最高裁の判例により法的には相殺しても問題ありません」と冷たく答えざるを得ません。

　しかし、もし本当に生活に窮していた場合、金融機関として相殺してもいいのでしょうか。その場合筆者は、「相殺することによって生活権の侵害になると支店が判断したなら、払出しについては支店長に任せます」と答えるようにしています。債権回収においては、そのときその状況に応じてよく考えて決断した答えは、ある意味すべて正解なのだと信じて仕事をしないと前には進めません。

4．民事再生手続による相殺

　民事再生法は、2000年4月1日に施行された法律で、経営者が継続して業務執行ができるDIP型手続、手続きが迅速で事業価値を劣化させることなく事業再生することが可能、可決要件が緩やかなどの利点があることから、今では再生型法的手続の主流になっています。

　民事再生手続では、再生債権届出期間満了までに相殺をしなければな

りません（民事再生法92条1項）。したがって民事再生法申立てと聞いたら、すぐに支店長は、相殺の手続きをとるように指示をしなければなりません。これは重要なポイントです。もしも相殺の機会を逃すと、その預金は再生債務者に返さなければならなくなります。

5．破産手続と債権債務の関係

●免責の申立が認められると債務は免除される

破産手続とは、債務者が経営破綻を来して支払不能の状態にあるとき、債務超過の状態にあるとき、裁判所に申し立てて法的に清算する手続きのことをいいます。

債務者自身が裁判所に対して破産の申立をすることを「自己破産」といい、それに対して、債権者が債務者の支払不能や債務超過であることを証明して破産を申し立てることを、「債権者破産」といいます。

裁判所は破産申立に理由があると判断すると破産宣告をします。そして同時に破産管財人を選任します。破産管財人は、破産者のすべての財産について、その管理・処分権限を持ちます。破産管財人は、破産者の財産を換価処分し金銭に換え、その金銭で破産財団を作り、そこから税金などの優先債権と手続きにかかる諸費用を控除し、残った金銭を債権者に公平に分配します。

破産者にみるべき資産がなく破産手続費用が賄えない場合は、破産宣告と同時に破産手続を終了させます。これを「同時破産廃止」といいます。それに対して、破産管財人が選任された後に、破産手続費用も賄えないことが判明して破産手続を終了させることを「異時破産廃止」といいます。

破産しただけでは借金は帳消しにはなりません。免責の申立が認められて初めて債務は免除されます。その免責が不許可になる場合もあります。それは財産隠匿や浪費、賭博などの行為で著しく財産を減少させた

場合などですが、裁判所の運用はゆるやかで、ほとんどの免責が認められているのが現状です。金融機関（債権者）は、免責申立に異議を申し立てることができます。

●預金の入金時期で相殺の対応が異なる

破産の場合は、預金の入金時期により相殺ができたり、できなかったりします。その入金時期とは、「支払不能後」、「支払停止または破産申立後」、「破産手続開始後」の3つの時期です。

まず支払不能とは、「この会社は危ないかもしれない、倒産するかもしれない」と認知した状況です。この状況では、将来倒産したら預金を相殺してしまおうという目的のために預けられた預金は相殺できませんが、通常の金融取引・商取引で入金のあった預金については、相殺は可能です。

次の支払停止とは、「債務者が倒産を表明した、銀行取引停止処分となったとき」など期限の利益を喪失した状態です。この支払停止または破産申立後に入金となった預金とは相殺はできません。ただし例外として、預金債務負担が支払停止または破産の申立の事実を知るよりも前に生じた原因に基づく（例えば手形の取立委任されたものが入金となった）ときは相殺が許されます。

また破産手続開始後に入金になった預金は相殺できません。例外はないので、最後は破産管財人に対して払い出すことになります。

このように、預金の入金時期によって相殺の対応が異なるので、支店では、別段預金に振り替えるなど預金に色をつけておくと、後の相殺や返還の際に適切な対応がとれることになります。

6．仮差押えによる回収

仮差押えとは、債権を回収するために債務者・保証人の財産が散逸し

ないように、裁判所に対して行う保全の手続きです。債権保全の手続きのため、仮差押えだけで債権を回収することはできません。仮差押えから回収に至るまでの法的な流れは、「仮差押え⇒訴訟の提起⇒勝訴判決・債務名義(確定判決のように法律により執行力を付与された公正の文書)⇒強制執行（裁判所に不動産の差押え（強制競売）、債権の差押えなどの申請を行う）⇒回収（強制競売の配当による回収、債権差押えによる取立を行う）」となり、かなりの時間を要することになります。

したがって、まずは債務者・保証人の価値のある財産を仮に差し押えて、その後の弁済交渉や担保取受けの交渉を行ううえでの心理的プレッシャーをかける手段とすると有効です。

7．仮差押えの注意点

仮差押えは、債権者（金融機関）が一方的に裁判所に申し立てるもののため、担保（評価の約１割から３割程度の保証金）を供託することを条件として仮差押命令が許可されます。そして、それは万一の場合に備えて仮差押えを受けた人に対する損害賠償の担保となるものです。ですから、例えば保証意思確認があやしい保証人資産への仮差押えについては、慎重に対応すべきです。

支店では、仮差押えを弁済交渉の材料にするとよいでしょう。とりあえず仮差押えを行って、担保入担交渉や弁済交渉を行うのです。その場合、事前に仮差押えを予定していることを察知されないように注意する必要があります。

8．担保不動産からの回収

債権回収で一番多額の回収ができるのが担保不動産です。現在では担保・保証に必要以上に依存することのない融資が求められていますが、

現実に倒産という状況となった場合に一番頼りになるのが、担保と保証です。

担保不動産からの回収には、不動産から生み出す賃料を回収する方法と不動産そのものを換価し回収する方法があります。前者には、「物上代位と担保不動産収益執行」、後者には「競売と任意売却」という方法があります。

9. 賃料からの回収

●物件の状況により回収方法が異なる

不良債権からの回収で意外と行われていないのが賃料からです。物上代位とは、抵当不動産の賃料を差し押えることです。物上代位による賃料差押は、平成元年、判例（最判平元.10.27）において、抵当権者による賃料債権に対する物上代位による差押えが肯定されてから、有効な債権回収の手段として使われています。確実に賃料が入ってくる収益物件の場合、競売や任意売却と並行しながら、物上代位によって賃料を確実に債権回収にあてることができます。

担保不動産収益執行制度は、不動産担保権に基づいて、裁判所がその不動産を差し押さえて管理人を選任し、その管理人が家賃の回収と不動産の管理をして、管理にかかる費用や手数料を差し引いて残った収益を債権者に配当するという制度で、平成16年の民事執行法の改正により導入されました。

2つの制度の大きな違いは、物上代位は債権者が自ら賃料を回収しなければなりませんが、担保不動産収益執行は担保の管理人を裁判所が選任して賃料を回収する点にあります。したがって、小規模でテナントが少なく管理のしやすい物件や、借主がよく分かった人で賃料の集金がしやすい物件には、物上代位が適しています。そして、アパートなど賃借人が多い物件、建物の管理が面倒な物件、テナントや借主の入れ替わり

が激しい物件、不法占有者がいるような物件、賃料不払いがあるような物件は、担保不動産収益執行が適しています。いずれにしても債権回収において、賃料から回収するという発想を持つことは重要です。

●任意売却・競売と並行して申し立てる

　収益物件の担保不動産の場合は、戦略的債権回収の観点から、任意売却・競売と並行して担保不動産収益執行を申し立てるとよいでしょう。収益物件において高額の任意売却先を探したい場合は、裁判所の管理による担保物件の価値の毀損を防ぐことができ、さらには賃料からの回収もできます。また任意売却が成立しなくとも、競売落札による回収も見込まれます。

　担保不動産が裁判所の管理となるとマイナスのイメージがつくと考えがちですが、実は収益執行に関しては、裁判所が建物の現況、入居者の状況などの情報を完璧につかむことになりますので、物件の購入者から見れば安全・確実な物件であるといえます。

　また、収益執行には配当があるので、任意売却先を探す間、もしくは競売落札までの賃料収益を確実に享受できます。さらに、法的申立てによって債務者をあきらめさせ、任意売却にもっていく効果もあります。

10．不動産の換価による回収

●競売のメリット・デメリット

　昔は競売のイメージといえば、「遅い、安い、危険」でした。しかし現在の競売のイメージは、「早い、高い、安全」です。すなわち競売を申し立てて配当を受けるまで6〜7ヵ月と早く、インターネット不動産競売物件情報サイトBITで競売物件が見られるなど、競売が一般に認知され、一般人の入札参加者が多くなったことから比較的高額で落札され、さらに最近では競売妨害もほとんど見られなくなったことで安全と

いえます。

　このことから支店では、期限の利益を喪失した債務者に対して、戦略的に早期の段階で競売を申し立てて、債権回収を図るのも有効な考え方の一つです。

　競売のメリットは、一言で言えば、簡単だということです。つまり一度申し立ててしまえば、担保不動産の売却から配当まですべて裁判所がやってくれます。そして売却価格は裁判所を通したもののため、誰かに後ろ指を指されることはありません。

　競売のデメリットは、任意売却と比べて回収金額が少なくなるという点です。一般的に競売市場は、不動産の卸売市場であり、時価の半値くらいからの価額（買受可能価額）から入札が可能です。

　任意売却とは、債務者が任意に担保不動産を売却して、その売却代金で債務を返済し、抵当権など付着する権利関係の解除をする一連の手続きのことをいいます。

　任意売却のメリットは、早期に多額の回収ができることにあります。筆者は30年勤務した地方銀行で、17年間は不良債権処理の最前線にいました。不動産価格の長期下落傾向のなか、いち早く担保不動産の任意売却を推進することが、勤務する銀行の利益につながると考え、徹底的に担保不動産処分は任意売却で行いました。

　不動産の長期下落傾向は、地方では現在も同じ傾向にあり、不良債権先の担保不動産を任意売却で処理することは、金融機関の利益（将来の損を少なくするという利益）に大きく資することになります。

●回収金額は任意売却が圧倒的に優位

　金融検査の際に、担保不動産の評価の妥当性についての検査があり、任意売却と競売ではどのくらい回収率に差が出るのか、データを取ったことがあります。その結果は次のようなものです。

任意売却サンプル数　約 400 件　処分価格平均　金融機関時価評価の 91%
競売サンプル数　　　約　70 件　処分価格平均　金融機関時価評価の 63%
バルクサンプル数　　約　80 件　処分価格平均　金融機関時価評価の 37%

　この結果からも、任意売却における回収金額の優位性は一目瞭然です。任意売却を行うには、担保不動産所有者の売却意思と協力、それに担保不動産に付着する権利関係者全員の同意が必要です。任意売却は一般の不動産売買と異なり、担保不動産に付着するすべての（根）抵当権者（金融機関・保証協会・サービサー・商社・街金など）、差押権者（金融機関などの仮差押・税金の差押え《国税・地方税・県税・市町村税・社会保険まで様々》）などの合意を取り付けなければなりません。このように手間ひまはかかるものの、回収の極大化が図れます。
　また、任意売却の実務のポイントは、価格・諸費用・配当の妥当性を検討することです。そこでは、破産財団組入金の考え方や破産管財人との交渉方法、担保解除料・判付料の相場観、差押債権者との交渉方法、税金の滞納処分による差押えの抹消方法、担保権消滅許可制度などの法律知識、不動産売買契約書の作成など、多くの専門的な知識が必要となります。この点について詳しくは、拙著「担保不動産の任意売却マニュアル」を参照していただけたら幸いです。

＜第 16 章のポイント＞
・金融庁の監督指針では、金融機関は、保証人に保証債務の履行を求める場合には、保証債務弁済の履行状況および保証債務を負うに至った経緯などその責任の度合いに留意し、保証人の生活実態を十分に踏まえて判断される各保証人の履行能力に応じた合理的な負担方法とするなど、きめ細かな対応を行う必要がある。
・年金債権自体は差押えできないが、年金が預金口座に振り込まれた時点で預金となるので相殺は可能である。しかし相殺することが生活権

・の侵害になるとの判断なら、払出しは支店長が判断する。
・民事再生手続では、再生債権届出期間満了までに相殺しなければならない。
・破産の場合は預金の入金時期により相殺ができたりできなかったりするため、別段預金で管理するとよい。
・仮差押えとは、債権を回収するために債務者・保証人の財産が散逸しないように裁判所に対して行う保全の手続きで、仮差押えだけでもって債権を回収することはできない。
・仮差押えから回収に至るまでの法的な流れは、仮差押え⇒訴訟の提起⇒勝訴判決・債務名義⇒強制執行⇒回収となり、かなりの時間を要する。
・仮差押えは、債務者・保証人の価値のある財産をとりあえず仮に差押えて、その後の弁済交渉や担保取り受けの交渉を行ううえでの心理的プレッシャーをかける手段である。
・債権回収において、担保不動産の賃料から回収するという発想は重要である。
・担保不動産からの回収には、賃料を回収する方法と不動産を換価し回収する方法がある。前者には、物上代位と担保不動産収益執行、後者には競売と任意売却という方法がある。

【参考文献】

黒木正人「しんくみ」全国信用組合中央協会（しんくみ融資ホットスポット2014年10月号〜2016年3月連載）

黒木正人「経営者保証ガイドラインの実務対応に強くなる」ビジネス教育出版社（2014年）

黒木正人「営業店担当者のための 債権回収の強化書」近代セールス社（2013年）

黒木正人「〔新訂第2版〕担保不動産の任意売却マニュアル」商事法務（2013年）

黒木正人「事例で学ぶ 取引先再建のための資金繰り改善アドバイス」近代セールス社（2012年）

黒木正人他共著「地域の企業再生の実務」三協法規出版（2011年）

「近代セールス2016年10月1日号」（特集「経営不振先への融資にどう取り組むか⁉」）近代セールス社（2016年）

金融財政事情研究会「第13次業種別審査事典」金融財政事情研究会（2016年）

山田ビジネスコンサルティング「業種別事例による新版「融資力」5分間トレーニングブック」ビジネス教育出版社（2015年）

KPMGヘルスケアジャパン「金融機関のための介護業界の基本と取引のポイント」経済法令研究会（2012年）

東日本税理士法人「金融機関のための医療業界の基本と取引のポイント」経済法令研究会（2012年）

「説得力のある稟議書の書き方講座」近代セールス社・通信教育テキスト

「コンサルティング機能強化のための建設業の経営改善を推進するコース」ビジネス教育出版社・通信教育テキスト

●著者略歴●
黒木 正人（くろき まさと）
1959年2月16日生まれ。明治大学法学部法律学科卒業。
十六銀行事業支援部部長、十六信用保証常務取締役を経て、現在、飛騨信用組合常務理事。

■取得資格■
行政書士、宅地建物取引士、管理業務主任者

■著　　書■
「経営者保証ガイドラインの実務対応に強くなる」ビジネス教育出版社（2014年）
「営業店担当者のための 債権回収の強化書」近代セールス社（2013年）
「〔新訂第2版〕担保不動産の任意売却マニュアル」商事法務（2013年）、新訂版（2011年）改訂版（2008年）初版（2006年）
「事例で学ぶ　取引先再建のための資金繰り改善アドバイス」近代セールス社（2012年）
「地域の企業再生の実務」共著・三協法規出版（2011年）
「債権保全と回収の実務」三協法規出版（2010年）
「担保不動産と管理・回収の実務」商事法務（2009年）
「事業承継の相談事例」商事法務（2007年）
「わかりやすい融資実務マニュアル」商事法務（2007年）ほか多数

支店長が読む 融資を伸ばすマネジメント

平成29年2月13日　初版発行

著　　者 ——— 黒木正人

発行者 ——— 福地　健

発　行 ——— 株式会社近代セールス社
　　　　　〒164-8640　東京都中野区中央1-13-9
　　　　　電　話　03-3366-5701
　　　　　ＦＡＸ　03-3366-2706

印刷・製本 —— 株式会社木元省美堂

Ⓒ2017 Masato Kuroki

本書の一部あるいは全部を無断で複写・複製あるいは転載することは、法律で定められた場合を除き著作権の侵害になります。

ISBN978-4-7650-2057-2